講談社 火の鳥伝記文庫

命《いのち》がけの青春《せいしゅん》
新《しん》選《せん》組《ぐみ》

楠木誠一郎《くすのきせいいちろう》 文
山田章博《やまだあきひろ》 絵

JN242357

はじめに

農民《のうみん》から武士《ぶし》になろうと心《こころ》に決《き》めて
剣術《けんじゅつ》の修行《しゅぎょう》にはげみ、道場主《どうじょうぬし》になった近藤勇《こんどういさみ》。
家業《かぎょう》の薬売《くすりう》りをしながら、行《ゆ》く先々《さきざき》で
道場《どうじょう》をまわっては腕《うで》だめしをしていた土方歳三《ひじかたとしぞう》。
子《こ》どものときから天才《てんさい》といわれ、
剣《けん》の道《みち》をきわめようとしていた沖田総司《おきたそうじ》。
勇《いさみ》の道場《どうじょう》「試衛館《しえいかん》」には、
剣《けん》によって自分《じぶん》の未来《みらい》がかえられると信《しん》じる
若者《わかもの》たちが集《あつ》まっていました。
時《とき》は幕末《ばくまつ》。
黒船《くろふね》が来《き》て、日本《にっぽん》に開国《かいこく》をせまってから、

徳川幕府《とくがわばくふ》はゆらいでいました。
幕府《ばくふ》をたおして、
日本《にっぽん》を生《う》まれかわらせようという者《もの》たちがあらわれ、
京都《きょうと》では幕府側《ばくふがわ》の者《もの》が刀《かたな》でおそわれる事件《じけん》が多発《たはつ》します。
勇《いさみ》、歳三《としぞう》、総司《そうじ》は、
試衛館《しえいかん》の仲間《なかま》たちとそんな京都《きょうと》へ行《い》き、
町《まち》の治安《ちあん》を守《まも》る仕事《しごと》を始《はじ》めます。
やがて、会津藩《あいづはん》にとりたてられて「新選組《しんせんぐみ》」をつくり、
過激《かげき》な浪士《ろうし》たちと命《いのち》がけの戦闘《せんとう》をくりかえしました。
時代《じだい》の急流《きゅうりゅう》にほんろうされながらも、
隊旗《たいき》に大《おお》きくえがいた「誠《まこと》」の一字《じ》に
武士《ぶし》のほこりをこめ、
新選組《しんせんぐみ》は青春《せいしゅん》をかけぬけていくのです。

もくじ

浪士組《ろうしぐみ》から新選組《しんせんぐみ》へ

試衛館道場《しえいかんどうじょう》

木剣《ぼっけん》が左向《ひだりむ》きにねかされたと思《おも》うや、相手《あいて》の喉《のど》もとに向《む》かって、まっすぐのびていった。

相手《あいて》は、太刀筋《たちすじ》するどく、その木剣《ぼっけん》をはらった。

だが、突《つ》いたほうの動《うご》きは、さらに速《はや》かった。わずかに木剣《ぼっけん》を引《ひ》くと、すぐさま相《あい》手《て》の喉《のど》に突《つ》き技《わざ》をくりだした。

「ぐえっ！」

突《つ》かれたほうは、みょうな声《こえ》を出《だ》し、床《ゆか》にしりもちをついてたおれた。

ふたりの体《からだ》からは湯気《ゆげ》が立《た》っている。

は く息《いき》は白《しろ》いはずだが、道場内《どうじょうない》は熱気《ねっき》がむんむんのため、はっきりわからない。

「総司《そうじ》！ 仲間内《なかまうち》で三段突《さんだんづ》きはやめろと言《い》っておいただろ！」

神棚《かみだな》の下《した》で腕組《うでぐ》みし、正座《せいざ》したまま、近藤勇《こんどういさみ》はどなった。

三段突《さんだんづ》きとは、「突《つ》く」「引《ひ》く」「突《つ》く」の剣《けん》の動《うご》きをすばやくくりかえすことを指《さ》す。とくにせまい室内《しつない》で有効《ゆうこう》となる技《わざ》だ。

木剣《ぼっけん》をまっすぐのばした姿勢《しせい》で立《た》っているのは沖田総司《おきたそうじ》、道場《どうじょう》のまんなかでたおれているのは土方歳三《ひじかたとしぞう》だ。

総司《そうじ》は肩《かた》をすくめ、舌《した》を出《だ》してみせた。

勇《いさみ》は、重《かさ》ねて、言《い》った。

「歳三《としぞう》にあやまれ。」

総司《そうじ》が頭《あたま》をさげるよりも早《はや》く、歳三《としぞう》が立《た》ちあがった。総司《そうじ》の胸《むな》ぐらをつかみにかかる。

「歳三《としぞう》！」

勇《いさみ》が一喝《いっかつ》すると、ほかのどの弟子《でし》たちよりも早《はや》く、いちばん年長《ねんちょう》の井上源三郎《いのうえげんざぶろう》がかけより、歳三《としぞう》と総司《そうじ》のあいだにわってはいった。

「まあ、まあ、ふたりとも……。」

そして源三郎《げんざぶろう》は「あとはおまかせを。」というように、勇《いさみ》のほうに目《め》くばせした。

源三郎《げんざぶろう》が、ふたりに言《い》う。

「ふたりとも、近藤《こんどう》さんの前《まえ》だぞ。」

ふたりは、勇《いさみ》のほうをちらりと見《み》て、バツが悪《わる》そうな顔《かお》をする。

源三郎《げんざぶろう》がつづける。

「近藤《こんどう》さんと試合《しあい》をさせてもいいんだよ。」

ふたりとも、首《くび》をぶるぶると横《よこ》にふる。

この道場《どうじょう》で、勇《いさみ》にかなう者《もの》はひとりもいない。

勇《いさみ》は、腕組《うでぐ》みをして、ふたりを交互《こうご》に見《み》つめてから、目《め》じりをさげた。

「わかればいいいんだ。歳三《としぞう》は実戦《じっせん》のさいは油断《ゆだん》するな。総司《そうじ》は三段突《さんだんづ》きは実戦《じっせん》で使《つか》え。」

ふたりは口《くち》をそろえて、元気《げんき》よく「はい。」とうなずいた。

「実戦《じっせん》の剣《けん》でも、練習《れんしゅう》の剣《けん》でも、わからないことがあれば、わたしにきいてこい。なんでも教《おし》えてやる。それから……。」

勇《いさみ》は、言葉《ことば》を切《き》ってから、つづけた。

「……こまったことがあれば言《い》え。なんでも相談《そうだん》にのるし、なにかあっても、わたしが責任《せきにん》をとる。」

ここは、江戸《えど》は市谷柳町《いちがややなぎちょう》と向《む》かいあった市谷甲良屋敷《いちがやこうらやしき》とよばれる一角《いっかく》にある天然理心流《てんねんりしんりゅう》の道場《どうじょう》「試衛館《しえいかん》」だ。

幕末《ばくまつ》の江戸《えど》には三大道場《だいどうじょう》とよばれるものがあった。

千葉周作《ちばしゅうさく》が北辰一刀流《ほくしんいっとうりゅう》を教《おし》える玄武館《げんぶかん》、桃井春蔵《もものいしゅんぞう》が鏡新明智流《きょうしんめいちりゅう》を教《おし》える士学館《しがくかん》、斎藤弥九郎《さいとうやくろう》が神道無念流《しんとうむねんりゅう》を教《おし》える練兵館《れんぺいかん》。

「技《わざ》」は千葉《ちば》、「位《くらい》」は桃井《もものい》、「力《ちから》」は斎藤《さいとう》、といわれていた。

わかい剣士《けんし》たちの体《からだ》から湯気《ゆげ》が立《た》っているこの年《とし》は文久《ぶんきゅう》3（1863）年《ねん》。関ケ原《せきがはら》の戦《たたか》い［1］から263年《ねん》、大坂《おおざか》の陣《じん》［2］が終《お》わってからでも248年《ねん》がたっている。

すでにいくさを知《し》っている者《もの》はだれもおらず、武士《ぶし》たちが身《み》につけているのは型《かた》を重視《じゅうし》した道場剣法《どうじょうけんぽう》で、人《ひと》を斬《き》ったことがある者《もの》はおろか、本物《ほんもの》の刀《かたな》でたたかったことのある者《もの》すらいない時代《じだい》だった。

それにひきかえ、勇《いさみ》が教《おし》えている天然理心流《てんねんりしんりゅう》は、あくまでも実戦《じっせん》の剣法《けんぽう》を重視《じゅうし》していた。

［1］慶長《けいちょう》5（1600）年《ねん》に、石田三成《いしだみつなり》ひきいる西軍《せいぐん》と、徳川家康《とくがわいえやす》ひきいる東軍《とうぐん》が、関ケ原《せきがはら》で天下《てんか》をあらそった戦《たたか》い。いくさに大勝《たいしょう》した家康《いえやす》は、慶長《けいちょう》8（1603）年《ねん》、征夷大将《せいいたいしょう》軍《ぐん》となって江戸《えど》に幕府《ばくふ》を開《ひら》いた。

［2］徳川家康《とくがわいえやす》が豊臣氏《とよとみし》をほろぼした戦《たたか》い。慶長《けいちょう》19（1614）年冬《ねんふゆ》と、元和《げんな》1（1615）年夏《ねんなつ》の2回《かい》にわたる。幕府《ばくふ》の敵《てき》となりそうな一族《いちぞく》を一掃《いっそう》し、のちの心配《しんぱい》をたった家康《いえやす》は翌《よく》年死去《ねんしきょ》。その後《ご》、いくさのない太平《たいへい》の世《よ》がつづいた。

だが多摩《たま》などに出稽古《でげいこ》に行《い》き、農民《のうみん》などを中心《ちゅうしん》に教《おし》えているため「いも道場《どうじょう》」とひやかす者《もの》も多《おお》かった。

この文久《ぶんきゅう》3年《ねん》1月《がつ》、勇《いさみ》は30歳《さい》、歳三《としぞう》は29歳《さい》、総司《そうじ》は22歳《さい》、井上源三郎《いのうえげんざぶろう》は35歳《さい》になったばかりだった。

（あのころと、なにもかわっちゃいないな、こいつらは。）

勇《いさみ》の脳裏《のうり》に、10年《ねん》以上《いじょう》まえの光景《こうけい》がうかんでいた。

＊

勇《いさみ》の住《す》む上石原村《かみいしはらむら》（東京都調布市《とうきょうとちょうふし》）から、日野宿《ひののじゅく》［3］にある剣道場《けんどうじょう》へ行《い》く途中《とちゅう》のことだった。

江戸《えど》の西部《せいぶ》に広《ひろ》がる多摩地方《たまちほう》は、幕府《ばくふ》の天領《てんりょう》（直轄地《ちょっかつち》）で、江戸開幕以来《えどかいばくいらい》、甲斐《かい》の国《くに》（山梨県《やまなしけん》）との国境《くにざかい》を守《まも》るために「八王子千人同心《はちおうじせんにんどうしん》」とよばれる郷士《ごうし》たちが配置《はいち》されており、かれらは出稽古《でげいこ》に来《く》る天然理心流《てんねんりしんりゅう》を学《まな》んでいた。

郷士《ごうし》というのは、ふだんは農業《のうぎょう》などをしていて、いざとなったら刀《かたな》を持《も》っていくさをする半士半農《はんしはんのう》の、身分《みぶん》のひくい武士《ぶし》たちのことをいう。多摩地方《たまちほう》にはとくに、「将《しょう》軍《ぐん》さまを守《まも》るためならいつでもたたかう」という意気《いき》さかんな者《もの》が多《おお》く住《す》んでいた。

勇《いさみ》は、そんな土地柄《とちがら》の農家《のうか》に生《う》まれ育《そだ》った。

おさないころから、父《ちち》の宮川久次郎《みやがわきゅうじろう》から剣《けん》の手《て》ほどきを受《う》けた勇《いさみ》は、15歳《さい》のときに天然理心流宗家《てんねんりしんりゅうそうけ》3代近藤周助《だいこんどうしゅうすけ》に入門《にゅうもん》。ときには足《あし》をのばして、多摩《たま》にある同門《どうもん》の道場《どうじょう》へも顔《かお》を出《だ》すようになった。

日野《ひの》の渡《わた》しを小舟《こぶね》でわたったあたりで、がらの悪《わる》い男《おとこ》たちに囲《かこ》まれた。

なかでもリーダー格《かく》らしい男《おとこ》が言《い》った。

［3］江戸《えど》と甲府《こうふ》をつなぐ甲州街道《こうしゅうかいどう》ぞいの宿場町《しゅくばまち》のひとつ。現在《げんざい》の東京都日野市《とうきょうとひのし》。

「棒《ぼう》ふり剣法《けんぽう》やってるやつらだな。おまえ、剣《けん》なんか習《なら》っても、しょせん農民《のうみん》じゃねえか。剣《けん》なんか習《なら》って、なんになるんだよ！」

「おれは、武士《ぶし》になりたいのだ。いや、なる！　なってみせる！」

「なれるわけねえだろ！　人《ひと》は、生《う》まれたときから、身分《みぶん》が決《き》まってるんだよ！」

「農民《のうみん》でも武士《ぶし》になった者《もの》はいる！」

「ないない。――わははは。」

手《て》をひらひらさせてわらう。

「くそっ。」

そのとき、声《こえ》が聞《き》こえてきた。

――「そんな、人生《じんせい》を投《な》げだした連中《れんちゅう》を相手《あいて》にすることはない。」

声《こえ》のしたほうを見《み》ると、大《おお》きな茶色《ちゃいろ》い箱《はこ》、「石田散薬《いしださんやく》」と書《か》かれた旗《はた》、さらに木剣《ぼっけん》を背負《せお》っている同《おな》い年《どし》くらいの少年《しょうねん》が近《ちか》づいてきた。顔立《かおだ》ちのととのったあかぬけた少年《しょうねん》だった。

少年《しょうねん》は、箱《はこ》と旗《はた》を地面《じめん》におろすと、背中《せなか》の木剣《ぼっけん》をぬいて正眼《せいがん》にかまえた。

「こいつらは、おれがたたきのめす。」

「いや、おれがやる。」

勇《いさみ》は、自分《じぶん》でも木剣《ぼっけん》をかまえた。

「面倒《めんど》くせえ。これから盛《さか》り場《ば》にくりだすんだ、じゃまするな。」

男《おとこ》たちは立《た》ちさっていった。

ふたたび箱《はこ》と旗《はた》を背負《せお》いながら、少年《しょうねん》が聞《き》いてきた。

「これから、どこの道場《どうじょう》へ？」

「佐藤彦五郎道場《さとうひこごろうどうじょう》だ。」

「おれの姉《あね》のだんなのところじゃねえか。」

「そうなのか。」

「これから道場破《どうじょうやぶ》りに向《む》かうところだったんだ。」

「なにっ？」

「冗談《じょうだん》だよ。にいさんの道場《どうじょう》には、よく顔《かお》を出《だ》しているんだ。」

「そうなのか。おれは近藤周助先生《こんどうしゅうすけせんせい》の弟子《でし》だ。――宮川勇《みやがわいさみ》だ。」

「土方歳三《ひじかたとしぞう》だ。――あんた、武士《ぶし》になりたいのか。」

「ああ、おれは武士《ぶし》になりたい。幕臣《ばくしん》（徳川将軍家《とくがわしょうぐんけ》の家臣《かしん》）になって将軍《しょうぐん》さまのために
はたらきたい。」

「おれもだ。おれも武士《ぶし》になって、この世《よ》の中《なか》を動《うご》かしたいんだ。」

これが、勇《いさみ》と土方歳三《ひじかたとしぞう》の出会《であ》いだった。

このあと、勇《いさみ》は周助《しゅうすけ》の養子《ようし》に入《はい》り、近藤勇《こんどういさみ》と名乗《なの》るようになる。やがて歳三《としぞう》も天然《てんねん》
理《り》心流《しんりゅう》に入門《にゅうもん》し、勇《いさみ》の弟弟子《おとうとでし》となったのだ。

勇《いさみ》は剣《けん》の腕《うで》をみがき、28歳《さい》のときに、周助《しゅうすけ》のあとをついで天然理心流《てんねんりしんりゅう》の4代目宗家《だいめそうけ》
となる。

＊

石田散薬
家秘相傳

歳三《としぞう》は日野宿《ひののじゅく》に近《ちか》い石田村《いしだむら》（東京都日野市《とうきょうとひのし》）の農家《のうか》の出《で》だ。おさなくして両親《りょうしん》を亡《な》くし、子《こ》どものころから商家《しょうか》に奉公《ほうこう》に出《で》たが、長続《ながつづ》きしなかった。奉公先《ほうこうさき》からもどってきては、実家《じっか》でつくっていた、打《う》ち身《み》やねんざに効《き》く「石田散薬《いしださんやく》」の行商《ぎょうしょう》をしながら、行《ゆ》く先々《さきざき》の道場《どうじょう》で剣《けん》の腕《うで》をみがいていた。

源三郎《げんざぶろう》は、もともとは八王子千人同心《はちおうじせんにんどうしん》の家《いえ》に生《う》まれ、勇《いさみ》よりも早《はや》く近藤周助《こんどうしゅうすけ》に入門《にゅうもん》して腕《うで》をみがいていた。

そして、歳三《としぞう》を三段突《さんだんづ》きでうちのめした総司《そうじ》は武家《ぶけ》の生《う》まれ。幼名《ようめい》は惣次郎《そうじろう》だったらしいが、いつのころからか「総司《そうじ》」を名乗《なの》るようになった。勇《いさみ》が周助《しゅうすけ》の養子《ようし》になったころ、まだ10歳《さい》にみたない子《こ》どもだった総司《そうじ》は、姉《あね》のすすめで市谷《いちがや》の道場《どうじょう》に遊《あそ》びにきており、そのころから内弟子《うちでし》となって、身長《しんちょう》も、剣《けん》の腕《うで》ものばしてきた。試衛館《しえいかん》の弟子《でし》たちのあいだでも一、二をあらそう腕《うで》に上達《じょうたつ》している。出稽古《でげいこ》もさせているが、気《き》が短《みじか》く、教《おし》え方《かた》が乱暴《らんぼう》なので、弟子《でし》たちからはおそれられている。

勇《いさみ》にとって、歳三《としぞう》は弟《おとうと》、源三郎《げんざぶろう》は親戚《しんせき》の叔父《おじ》、総司《そうじ》は弟《おとうと》というより息子《むすこ》という感《かん》じだ。

源三郎《げんざぶろう》が、歳三《としぞう》と総司《そうじ》のあいだにわってはいったあとで言《い》った。

「これから近藤《こんどう》さんから、大事《だいじ》な話《はなし》があるそうだから。」

源三郎《げんざぶろう》がパンパンと手《て》をたたいたのにつづき、勇《いさみ》は弟子《でし》たちに声《こえ》をかけた。

「みな、ならんですわってくれ。」

勇《いさみ》は腕組《うでぐ》みをしたまま、いならんだ弟子《でし》たちをぎろりと見《み》わたした。

「武士《ぶし》になれる機会《きかい》がやってきた。――総司《そうじ》はすでに武士《ぶし》か。」

「のけ者《もの》にしないでくださいよ。」

「わははは。」

歳三《としぞう》が眉間《みけん》にしわをよせながら、言《い》った。

「近藤《こんどう》さん、どういうことですか。」

「うむ。――こたび、お上《かみ》が将軍《しょうぐん》として200年《ねん》以上《いじょう》ぶりに上洛《じょうらく》（京都《きょうと》へのぼること）することになった。そこで尊攘派《そんじょうは》の浪士《ろうし》や薩長《さっちょう》のやつらからお上《かみ》をお守《まも》りする者《もの》たちを、幕府《ばくふ》が募《つの》ることになった。」

勇《いさみ》の言《い》う「お上《かみ》」とは、江戸幕府《えどばくふ》14代将軍《だいしょうぐん》、徳川家茂《とくがわいえもち》のことだ。源三郎《げんざぶろう》などの年長者《ねんちょうしゃ》は理解《りかい》したようだが、多《おお》くの者《もの》はちんぷんかんぷんな顔《かお》をしている。

「よくわからん！　なあ、平助《へいすけ》。」

道場《どうじょう》に遊《あそ》びにきていた神道無念流《しんとうむねんりゅう》の使《つか》い手《て》の永倉新八《ながくらしんぱち》が、総司《そうじ》よりもわかい、まだ20歳《はたち》の藤堂平助《とうどうへいすけ》の肩《かた》をたたきながら、言《い》う。

小柄《こがら》でおさない顔立《かおだ》ちの平助《へいすけ》は、こまったような顔《かお》で苦笑《にがわら》いをうかべている。

さて、どうしたものかと思《おも》っていると、やはり道場《どうじょう》に顔《かお》を出《だ》していた、小野派一刀流《おのはいっとうりゅう》をおさめ、ものしりでもある山南敬助《やまなみけいすけ》（「山南」は「さんなん」とも読《よ》む）が口《くち》を開《ひら》いた。色白《いろじろ》で丸顔《まるがお》で小太《こぶと》りな男《おとこ》だ。表情《ひょうじょう》からやさしさがにじみでている。

「近藤《こんどう》さん、わたしが説明《せつめい》しましょうか。」

「たのむ。」

山南《やまなみ》は、かみくだいて説明《せつめい》を始《はじ》めた。

「浦賀沖《うらがおき》に黒船《くろふね》が来《き》たことは、みなも知《し》っているでしょう。」

首《くび》をひねっていた新八《しんぱち》や平助《へいすけ》もうなずく。

山南《やまなみ》がつづける。

「それからというもの、国内《こくない》には、いろんな意見《いけん》がうずまいています。とくに過激《かげき》なのは、長州《ちょうしゅう》や薩摩《さつま》を中心《ちゅうしん》とする尊攘派《そんじょうは》です。」

「そんじょうは……さっき近藤先生《こんどうせんせい》がおっしゃっていた……。」

平助《へいすけ》が聞《き》く。

「そうです。正《ただ》しくは、尊王攘夷派《そんのうじょういは》といいます。帝《みかど》（天皇《てんのう》）を尊《とうと》ぶ尊王思想《そんのうしそう》にくわえ、異国《いこく》を追《お》いだそうとする攘夷思想《じょういしそう》をとなえる者《もの》たちのことです。」

新八《しんぱち》が口《くち》をはさむ。

「日本人《にほんじん》はみな帝《みかど》を尊《とうと》んでいるぜ。」

山南《やまなみ》がふむふむとうなずく。

「そうですね。では、こういう言《い》い方《かた》ではどうでしょう。――日本人《にほんじん》は、みな尊王派《そんのうは》ですから、『尊王攘夷派《そんのうじょういは》』の『尊王《そんのう》』は、こっちにおいておきましょう。」

山南《やまなみ》は、すこし間《ま》をおいてから、ふたたび話《はな》しはじめた。

「黒船《くろふね》がやってきて、幕府《ばくふ》は西欧列強《せいおうれっきょう》の強《つよ》さを知《し》って開国《かいこく》しました。開国《かいこく》して西欧《せいおう》の文明《ぶんめい》をとりいれたほうが、日本《にっぽん》の将来《しょうらい》のためになると思《おも》ったのです。ですが、そのあたりの思《おも》いを知《し》らない、薩摩藩《さつまはん》（鹿児島県《かごしまけん》）や長州藩《ちょうしゅうはん》（山口県《やまぐちけん》）などは『幕府《ばくふ》は西欧列《せいおうれっ》強《きょう》の言《い》いなりになる弱腰《よわごし》だ！　西欧列強《せいおうれっきょう》など追《お》いだせ！　攘夷《じょうい》だ！』とさけんでいるわけです。」

平助《へいすけ》が、こくりとうなずく。

「だから、薩長《さっちょう》のような攘夷派《じょういは》は幕府《ばくふ》を目《め》の仇《かたき》にしているのですね？」

「そうです。つづけてもいいですか？」

「はい！」

平助《へいすけ》がうなずく。

「どうすれば幕府《ばくふ》が攘夷《じょうい》を実行《じっこう》するか頭《あたま》をひねった薩長《さっちょう》は、とうとう朝廷《ちょうてい》を動《うご》かしたのです。」

「なんで？」

「幕府《ばくふ》は、帝《みかど》の代理《だいり》で政《まつりごと》（政権《せいけん》をもち、国《くに》をおさめること）をしているからです。帝《みかど》が『攘夷《じょうい》をしろ。』とおっしゃっている以上《いじょう》、お上《かみ》は上洛《じょうらく》して命令《めいれい》をいただかざるをえません。京都《きょうと》にいる薩長《さっちょう》などは、幕府《ばくふ》の頂《いただき》に立《た》つお上《かみ》をきらっている。なにをするかわからない。」

「だから、お上《かみ》をお守《まも》りするのですね！」

勇《いさみ》は、弟子《でし》たちを見《み》まわした。

「平助《へいすけ》は理解《りかい》できたようだ。あとの者《もの》は、どうだ。——総司《そうじ》、わかったか。」

「その、攘夷派《じょういは》のやつらというのを斬《き》れるのなら、おれはそれでいいです。」

すぐに歳三《としぞう》がしかりつけた。

「総司《そうじ》、斬《き》りにいくのではない。」

「なら、突《つ》きます。」

「おまえが強《つよ》いのはわかったから。」

さっき、歳三《としぞう》が負《ま》けたのを見《み》ていた弟子《でし》たちのあいだから笑《わら》いがもれた。

勇《いさみ》がせきばらいをすると、みな、だまった。

「ところで、近藤《こんどう》さん。」

山南《やまなみ》が、勇《いさみ》に聞《き》いてきた。

「これを発案《はつあん》したのは？」

「出羽庄内藩《でわしょうないはん》（山形県鶴岡市《やまがたけんつるおかし》、酒田市《さかたし》）郷士《ごうし》、清河八郎《きよかわはちろう》と聞《き》いている。」

「近藤《こんどう》さんは、この話《はなし》は、だれから？」

「この試衛館《しえいかん》近《ちか》くにお住《す》まいの、講武所《こうぶしょ》（幕府《ばくふ》の軍事修練所《ぐんじしゅうれんじょ》）剣術教授方《けんじゅつきょうじゅかた》松平主税助《まつだいらちからのすけ》（忠敏《ただとし》、のち上総介《かずさのすけ》）さまだ。」

「なるほど。江戸《えど》にあふれている浪士《ろうし》たちも京都《きょうと》に追放《ついほう》できるので、幕府《ばくふ》にとって一石二鳥《いっせきにちょう》というわけですね。」

勇《いさみ》は「へ」の字《じ》にむすんでいた大《おお》きな口《くち》をゆっくりと開《ひら》いた。

「では、あまり日《ひ》はないが、2月4日《がつよっか》、小石川《こいしかわ》（東京都文京区《とうきょうとぶんきょうく》）の伝通院境内《でんずういんけいだい》に集《あつ》まれとのことだ。」

弟子《でし》たちのなかから、声《こえ》があがった。

――「募《つの》る人数《にんずう》に決《き》まりはあるのですか。」

「募集人員《ぼしゅうじんいん》は50人《にん》。」

――「幕府《ばくふ》から支度金《したくきん》は出《で》るのですか。」

「支度金《したくきん》はひとり50両《りょう》と聞《き》いている。」

「なに！　50両《りょう》！」

弟子《でし》のひとり、原田左之助《はらださのすけ》が目《め》の色《いろ》をかえた。かつて四国《しこく》の伊予松山藩《いよまつやまはん》（愛媛県松山市《えひめけんまつやまし》）の藩士《はんし》の家《いえ》につかえていた男《おとこ》で、槍《やり》の名手《めいしゅ》だ。

ほかの弟子《でし》たちもざわついている。

むりもない。江戸《えど》時代《じだい》の時期《じき》によって相場《そうば》はことなるが、1両《りょう》がいまの10万円《まんえん》と換算《かんさん》すると、ひとり500万円《まんえん》になるからだ。もっとも給料制《きゅうりょうせい》などではないから、はじめに支度金《したくきん》がわたされるだけだが、それにしても、応募《おうぼ》する者《もの》たちにとっては大金《たいきん》だった。

歳三《としぞう》が、自分《じぶん》に言《い》いきかせるように、言《い》った。

「武士《ぶし》になれる。」

勇《いさみ》は、うなずいた。

「そうだ、武士《ぶし》になれるぞ！」

浪士組結成《ろうしぐみけっせい》

「なんだ、この人《ひと》だかりは……。」

近藤勇《こんどういさみ》は、あぜんとしていた。

伝通院境内《でんずういんけいだい》は、将軍徳川家茂《しょうぐんとくがわいえもち》を守《まも》りながら上洛《じょうらく》する仕事《しごと》にありつこうとする者《もの》たちであふれかえっていたのだ。

50人《にん》を募《つの》ったはずなのに、境内《けいだい》には、ざっと300人《にん》はいた。

支度金《したくきん》ひとり50両《りょう》が広《ひろ》まったからだろう。

応募《おうぼ》してきた者《もの》たちを、幕府《ばくふ》の役人《やくにん》たちは「浪士《ろうし》」とよんでいた。脱藩《だっぱん》したり、仕《つか》えるあるじをうしなったりした武士《ぶし》を表《あらわ》す浪人《ろうにん》と同《おな》じ意味《いみ》だ。

受付《うけつけ》の後《うし》ろで役人《やくにん》たちがもめはじめた。見《み》わたしてみたが、松平主税助《まつだいらちからのすけ》の姿《すがた》がない。

「松平主税助《まつだいらちからのすけ》さまは、いかがされたのです。」

すると、その役人《やくにん》が言《い》った。

「松平《まつだいら》さまは急《きゅう》に辞職《じしょく》されての。」

「なんですって。」

「代《か》わりに、あちらの……。」

役人《やくにん》が、ひとりの初老《しょろう》の男《おとこ》のほうを見《み》た。年《とし》のころ五十代半《だいなか》ばだ。

「……海防掛《かいぼうがかり》、駿府町奉行《すんぷまちぶぎょう》などを歴任《れきにん》され、戊午《ぼご》（安政《あんせい》）の大獄《たいごく》で隠居《いんきょ》されておった鵜殿鳩翁《うどのきゅうおう》（長鋭《ながとし》）殿《どの》が引《ひ》きつぐことに、あいなった。それから……。」

役人《やくにん》が話《はなし》をつづけようとしたとき、鵜殿《うどの》が大声《おおごえ》をはりあげた。

「みなの者《もの》に言《い》う。ひとり50両《りょう》と聞《き》いたかもしれんが、それは50人《にん》の応募《おうぼ》があったときの話《はなし》。幕府《ばくふ》は、こたびの支度金総額《したくきんそうがく》は２５００両《りょう》しか用意《ようい》しておらぬ。ここにいる全員《ぜんいん》をやとったとしたら、ひとり10両《りょう》わたせればいいほうじゃ。それでよければ名前《なまえ》を書《か》け。」

――「なんだ、50両《りょう》ではないのか。」

――「やめた、やめた。」

そんなことを言《い》いながら去《さ》る者《もの》も出《で》たが、２３５人《にん》がのこった。

勇《いさみ》がひきいる試衛館《しえいかん》の者《もの》たちのなかに、去《さ》る者《もの》はいなかった。

このとき名簿《めいぼ》に名《な》をつらねた試衛館《しえいかん》のメンバーを年齢順《ねんれいじゅん》で記《しる》すと――。

井上源三郎《いのうえげんざぶろう》、近藤勇《こんどういさみ》、土方歳三《ひじかたとしぞう》、山南敬助《やまなみけいすけ》、永倉新八《ながくらしんぱち》、原田左之助《はらださのすけ》、沖田総司《おきたそうじ》、藤堂平助《とうどうへいすけ》。

弟子《でし》ではなかったが、このとき名簿《めいぼ》につらねたなかに、のちに新選組《しんせんぐみ》の中心《ちゅうしん》メンバーとなる、水戸藩《みとはん》（茨城県水戸市《いばらきけんみとし》）士《し》だった芹沢鴨《せりざわかも》、新見錦《にいみにしき》らもいた。

名簿《めいぼ》に名《な》をつらねた者《もの》たちは「浪士組《ろうしぐみ》」とよばれた。

弟子《でし》たちのなかの多《おお》くが道場《どうじょう》からぬけてしまうため、勇《いさみ》は歳三《としぞう》の義兄《ぎけい》、佐藤彦五郎《さとうひこごろう》に留守《るす》をたくした。となりには歳三《としぞう》もすわっている。

彦五郎《ひこごろう》は、勇《いさみ》に言《い》った。

「勇《いさみ》、歳三《としぞう》、お上《かみ》のために、そして、なによりおのれの信《しん》じるままにたたかってこい。」

勇《いさみ》は、歳三《としぞう》といっしょに頭《あたま》をさげながら思《おも》っていた。

（近藤勇《こんどういさみ》、土方歳三《ひじかたとしぞう》、ほかの試衛館《しえいかん》の弟子《でし》たちとともに、お上《かみ》のために、おのれを信《しん》じてたたかってきます。きっと正真正銘《しょうしんしょうめい》の武士《ぶし》となって帰《かえ》ってまいります。)

将軍徳川家茂《しょうぐんとくがわいえもち》に先立《さきだ》って、浪士組《ろうしぐみ》235人《にん》が江戸《えど》を出発《しゅっぱつ》したのは、伝通院《でんずういん》に集《あつ》まってからわずか4日後《よっかご》の2月8日《がつようか》のことだった。

浪士組《ろうしぐみ》に参加《さんか》した235人《にん》のいでたちは、さまざまだった。月代《さかやき》[4]をそった者《もの》もいれば、総髪《そうはつ》[5]もいれば、ぼうず頭《あたま》もいた。半纏《はんてん》にもひき姿《すがた》もいれば、陣笠姿《じんがさすがた》もあった。なかには虎《とら》の皮《かわ》、蓑《みの》をまとっている者《もの》もいた。

勇《いさみ》、歳三《としぞう》は総髪《そうはつ》、総司《そうじ》は月代《さかやき》をそっている。

着衣《ちゃくい》は、勇《いさみ》をはじめ試衛館《しえいかん》の連中《れんちゅう》は着物姿《きものすがた》で袴《はかま》をはき、腰《こし》には刀《かたな》をさしていた。

「自分《じぶん》たちは武士《ぶし》として、お上《かみ》をお守《まも》りするのだ!」と、おのれをはげますためにも必要《ひつよう》ないでたちだった。

「さあ、いよいよだ! 武士《ぶし》になるぞ!」

勇《いさみ》は、歳三《としぞう》をはじめ、弟子《でし》たちに声《こえ》をかけて、歩《ある》きはじめた。

浪士組《ろうしぐみ》は幕府《ばくふ》の役人《やくにん》たちがひきいているのだが、発案者《はつあんしゃ》の清河八郎《きよかわはちろう》は、まるで浪士《ろうし》組《ぐみ》のリーダーのようにふるまっていた。

その清河《きよかわ》の次《つぎ》に目立《めだ》っていたのは、紋付袴姿《もんつきはかますがた》の一団《いちだん》だった。そのなかのリーダー格《かく》の男《おとこ》は、自分《じぶん》たちが武士《ぶし》だからか、ほかの者《もの》たちを見下《みくだ》しているようだった。

その男《おとこ》は、芹沢鴨《せりざわかも》といった。

浪士組《ろうしぐみ》は中山道《なかせんどう》を歩《ある》いて京都《きょうと》に向《む》かうことになったが、出発《しゅっぱつ》して3日目《みっかめ》の夜《よる》、芹沢《せりざわ》がさっそく問題《もんだい》を起《お》こした。

浪士組《ろうしぐみ》は「○番隊《ばんたい》」と組分《くみわ》けされていて、三番隊《ばんたい》の組頭《くみがしら》だった芹沢鴨《せりざわかも》の宿《やど》がなかっ

［4］男子《だんし》が成人《せいじん》になったことをしめす元服《げんぷく》のさい、額《ひたい》から頭上《ずじょう》にかけて髪《かみ》の毛《け》をそった髪型《かみがた》。戦国時代《せんごくじだい》に、かぶとをかぶる武士《ぶし》たちのあいだに広《ひろ》まり、江戸時代《えどじだい》には一般男子《いっぱんだんし》に定着《ていちゃく》した。

［5］月代《さかやき》にはしないで、全体《ぜんたい》の髪《かみ》をのばした髪型《かみがた》。頭《あたま》の上《うえ》でたばねたり、たらしたりする。江戸時代《えどじだい》、医者《いしゃ》や儒学者《じゅがくしゃ》、浪人《ろうにん》などに多《おお》い髪型《かみがた》だった。

たため、さわぎとなった。このとき、宿《やど》のふりわけを担当《たんとう》していたのは勇《いさみ》だった。勇《いさみ》のミスだ。

勇《いさみ》は必死《ひっし》に頭《あたま》をさげたが、芹沢《せりざわ》はゆるさない。それどころか、勇《いさみ》に「腹《はら》を切《き》れ。」と言《い》う。さらに芹沢《せりざわ》は「尽忠報国之士芹沢鴨《じんちゅうほうこくのしせりざわかも》」と書《か》いた大《おお》きな鉄製《てっせい》の扇子《せんす》で顔《かお》をあおぎながらさわいだ。

「三番隊《ばんたい》の者《もの》たちを集《あつ》めて、野営《やえい》する！　大篝火《おおかがりび》をたいても、おどろくな！」

芹沢《せりざわ》は、ほんとうに宿場町《しゅくばまち》の通《とお》りのまんなかに大篝火《おおかがりび》をたいて、床几《しょうぎ》（折《お》りたたみ式《しき》のいす）にでんとすわりこんだ。篝火《かがりび》からあがる火《ひ》の粉《こ》で宿々《しゅくじゅく》の屋根《やね》がもえそうなほどだった。

（なんなんだ、この人《ひと》は！）

勇《いさみ》は、芹沢《せりざわ》に頭《あたま》をさげるだけでなく、宿場《しゅくば》の者《もの》にたのみこんで宿《やど》を追加《ついか》しなければならなかった。

やっと火《ひ》を消《け》して宿《やど》に向《む》かった芹沢《せりざわ》は、宿《やど》の前《まえ》に立《た》てられた札《ふだ》の三番隊《ばんたい》の文字《もじ》をけ

ずって一番隊《ばんたい》とした。自分《じぶん》が三番隊《ばんたい》なのが、よほど気《き》に食《く》わなかったらしい。

（まるで、おもちゃをほしがってあばれる子《こ》どもと同《おな》じではないか。）

けっきょく、三番隊《ばんたい》の組頭《くみがしら》には山南敬助《やまなみけいすけ》がつき、芹沢《せりざわ》は遊軍《ゆうぐん》（隊《たい》に属《ぞく》さない自由《じゆう》な立場《たちば》）となった。

ちなみに六番隊《ばんたい》の組頭《くみがしら》だった勇《いさみ》は、さわぎが一段落《いちだんらく》しても思《おも》っていた。

（芹沢鴨《せりざわかも》がこれ以上《いじょう》、問題《もんだい》を起《お》こさなければいいが……。）

中山道《なかせんどう》を西《にし》に進《すす》みながらも、浪士組内部《ろうしぐみないぶ》は組替《くみが》えをめぐってもめつづけ、江戸《えど》を発《た》って16日後《にちご》の2月《がつ》23日《にち》、京都《きょうと》に入《はい》った。

壬生《みぶ》の分裂《ぶんれつ》

「ここが京都《きょうと》……。」

鴨川《かもがわ》にかかる橋《はし》をわたりながら、近藤勇《こんどういさみ》は感慨深《かんがいぶか》げに言《い》った。

「いよいよですね。」

ななめ後《うし》ろを歩《ある》いている土方歳三《ひじかたとしぞう》が言《い》う。

沖田総司《おきたそうじ》は、さわやかな笑《え》みをうかべている。

ほかの弟子《でし》たちは、すこし緊張《きんちょう》した顔《かお》つきだった。

京都《きょうと》に入《はい》った浪士組《ろうしぐみ》235人《にん》は、京都《きょうと》の市街地《しがいち》の西《にし》、壬生村《みぶむら》（京都市中京区《きょうとしなかぎょうく》）に入《はい》り、八木源之丞《やぎげんのじょう》の邸宅《ていたく》と新徳寺《しんとくじ》に分《わ》かれて滞在《たいざい》することになった。

芹沢鴨《せりざわかも》ひきいる元水戸藩士《もとみとはんし》たち、近藤勇《こんどういさみ》ひきいる試衛館《しえいかん》の弟子《でし》たちは、ともに八木《やぎ》源之丞《げんのじょう》の邸宅《ていたく》で寝泊《ねと》まりすることになった。

到着《とうちゃく》してすぐの2月《がつ》23日夜《にちよる》、「浪士組《ろうしぐみ》」を発案《はつあん》した清河八郎《きよかわはちろう》が全員《ぜんいん》を新徳寺《しんとくじ》に集《あつ》めたうえで言《い》った。

「われわれ浪士組上洛《ろうしぐみじょうらく》の目的《もくてき》は、じつは、お上《かみ》の警護《けいご》ではない。攘夷決行《じょういけっこう》にある。」

このときの清河《きよかわ》の顔《かお》は鬼気《きき》せまるものがあり、多《おお》くの者《もの》の表情《ひょうじょう》はこわばっていた。

（いったい、どういうことだ……。）

勇《いさみ》のとなりにすわっている土方歳三《ひじかたとしぞう》がはきすてるように、清河《きよかわ》に聞《き》こえない程度《ていど》の小声《こごえ》で言《い》った。

「なに言《い》ってやがる。お上《かみ》をお守《まも》りするためだろうが。」

すぐ後《うし》ろにすわっている山南敬助《やまなみけいすけ》が言《い》う。

「どうやら、清河《きよかわ》に謀《はか》られたようですね。幕府《ばくふ》もコケにされたものです。」

わかい総司《そうじ》や藤堂平助《とうどうへいすけ》らは勇《いさみ》のようすをうかがっていたが、永倉新八《ながくらしんぱち》や原田左之助《はらださのすけ》らは、いまにも立《た》ちあがり、清河《きよかわ》に斬《き》りかかりそうになっていた。

勇《いさみ》は、「おさえろ。」というように手《て》で制《せい》した。

清河八郎《きよかわはちろう》は、「浪士組《ろうしぐみ》の目的《もくてき》は攘夷《じょうい》です。」と朝廷《ちょうてい》にうったえでてみとめてもらうことで、隊《たい》をわがものにしようとしていたのだ。

数日後《すうじつご》の2月《がつ》29日《にち》、全員《ぜんいん》を集《あつ》めたところで清河《きよかわ》が、こう言《い》った。

「生麦事件《なまむぎじけん》のせいで横浜港《よこはまこう》にイギリスをはじめ外国《がいこく》の軍艦《ぐんかん》がやってきている。このままでは、いついくさが始《はじ》まるかもしれん。かくなるうえは、すみやかに江戸《えど》にもどって攘夷《じょうい》を決行《けっこう》すべきだ！」

生麦事件《なまむぎじけん》というのは、半年《はんとし》まえの文久《ぶんきゅう》2（1862）年《ねん》8月《がつ》、神奈川宿《かながわしゅく》の生麦村《なまむぎむら》で、薩摩藩《さつまはん》の国父《こくふ》（藩主《はんしゅ》の父《ちち》）島津久光《しまづひさみつ》の行列《ぎょうれつ》をみだしたイギリス人《じん》たちを薩摩藩士《さつまはんし》が殺傷《さっしょう》した事件《じけん》だ。

（もう限界《げんかい》だ。だまっておれん。）

勇《いさみ》が立《た》ちあがろうとしたとき、芹沢鴨《せりざわかも》が立《た》ちあがった。

「冗談《じょうだん》じゃねえ！　だれが、きさまにしたがうものか！　われわれが上洛《じょうらく》したのは、お上《かみ》を警護《けいご》するため。そのお上《かみ》がいまだ上洛《じょうらく》もしていないのに江戸《えど》にもどるなど、もってのほか！」

芹沢《せりざわ》が立《た》ちあがると、新見錦《にいみにしき》ら元水戸藩士《もとみとはんし》からなる芹沢一派《せりざわいっぱ》が、そして勇《いさみ》が立《た》ちあがると歳三《としぞう》、総司《そうじ》ら試衛館一派《しえいかんいっぱ》が席《せき》を立《た》った。

徳川家茂《とくがわいえもち》が上洛《じょうらく》する前日《ぜんじつ》の3月3日《がつみっか》、幕府《ばくふ》はしかたなく浪士組《ろうしぐみ》に江戸帰還命令《えどきかんめいれい》をくだした。

芹沢鴨《せりざわかも》一派《いっぱ》、近藤勇《こんどういさみ》一派《いっぱ》、ほか数人《すうにん》が京都《きょうと》にのこることになった。その正確《せいかく》な数《かず》は、たしかではない。

江戸《えど》にもどっていく者《もの》たちの背中《せなか》を見送《みおく》りながら、芹沢《せりざわ》が勇《いさみ》に聞《き》いてきた。

「これから、どうするんだ。」

「わたしたちは、お上《かみ》を守《まも》るために上洛《じょうらく》したのです。命令《めいれい》がなくとも、京都《きょうと》の中《なか》を歩《ある》き、あやしい攘夷派連中《じょういはれんちゅう》を見張《みは》ります。」

当時《とうじ》、京都《きょうと》では、攘夷派《じょういは》の志士《しし》たちが「天誅《てんちゅう》」と称《しょう》し、幕府《ばくふ》に味方《みかた》する者《もの》を集団《しゅうだん》でおそったり、刺客《しかく》（殺《ころ》し屋《や》）を放《はな》って暗殺《あんさつ》したりする事件《じけん》が起《お》きていた。

「勝手《かって》にしろ。」

「芹沢《せりざわ》さんは、どうされるのです。」

「せっかく京都《きょうと》に来《き》たんだ。女《おんな》と酒《さけ》だ。わはははは。——おまえたちは、せいぜいはたらいてくれ。」

手下《てした》を引《ひ》きつれ、肩《かた》をゆすりながら歩《ある》いていく芹沢《せりざわ》を見送《みおく》りながら、歳三《としぞう》と総司《そうじ》が声《こえ》をかけてきた。

「近藤《こんどう》さん、あんなことを言《い》わせておいていいんですか。」

「追《お》って、斬《き》りましょうか。」

「総司《そうじ》、やめろ。——わたしたちは本物《ほんもの》の武士《ぶし》になるために来《き》たのだ。この京都《きょうと》でお上《かみ》のためにはたらくのは、そのためだ。わかったな？」

勇《いさみ》らは、壬生村《みぶむら》に寝《ね》泊《と》まりしながら、京都《きょうと》の中《なか》を見《み》まわり、幕府《ばくふ》に対《たい》して不満《ふまん》を表《あらわ》す攘夷派《じょういは》たちに目《め》を光《ひか》らせた。

ただ、幕府《ばくふ》から正式《せいしき》な依頼《いらい》を受《う》けているわけではないから、宙《ちゅう》ぶらりんな状態《じょうたい》だった。

勇《いさみ》を先頭《せんとう》にせまい路地《ろじ》に入《はい》りかけたとき、すぐ後《うし》ろの歳三《としぞう》が声《こえ》をかけてきた。

「近藤《こんどう》さん、次《つぎ》からはおれが先頭《せんとう》に立《た》ちます。」

「なにゆえだ。」

「京都《きょうと》は道《みち》がせまいです。」

「うむ。」

「もし敵《てき》が路地《ろじ》のおくにいたら、先頭《せんとう》に立《た》った者《もの》がいちばんあぶない。近藤《こんどう》さんは首《しゅ》領《りょう》だ。首領《しゅりょう》を死《し》なすわけにいかない。」

「だから？」

「見《み》まわりをするとき、先頭《せんとう》をつぎつぎに交代《こうたい》しましょう。明日《あす》は二番手《ばんて》のおれが、明後日《あさって》は三番手《ばんて》の総司《そうじ》が、というようにです。」

「先頭《せんとう》に立《た》つ者《もの》は斬《き》られ損《ぞん》か。」

「いわば、『死《し》に番《ばん》』ですね。」

「ふっ、死《し》に番《ばん》か。」

「ただ、無駄《むだ》死《じ》にはさせません。先頭《せんとう》がたたかっているあいだに、二番手《ばんて》以降《いこう》が加勢《かせい》し、相手《あいて》をみなで斬《き》りふせます。」

「斬《き》ったと思《おも》ったら、仲間《なかま》がいっせいにおそいかかってくるのか。相手《あいて》は恐怖《きょうふ》だろうな。」

「斬《き》るか、斬《き》られるか、です。きれいごとは言《い》っていられない。——負《ま》けないための道《みち》です。」

「われらの武士道《ぶしどう》というわけか。」

「はい。」

およそ10日後《とおかご》の3月《がつ》15日《にち》、浪士組《ろうしぐみ》の京都残留組《きょうとざんりゅうぐみ》は、会津藩《あいづはん》（福島県西部《ふくしまけんせいぶ》および新潟県《にいがたけん》と栃木県《とちぎけん》の一部《いちぶ》）の配下《はいか》に入《い》れられた。

そして若葉《わかば》が美《うつく》しい4月《がつ》16日《にち》、勇《いさみ》たちは黒谷《くろだに》の金戒光明寺《こんかいこうみょうじ》によびつけられた。

よんだのは、会津藩主《あいづはんしゅ》の松平容保《まつだいらかたもり》。

容保《かたもり》は、過激《かげき》な攘夷派《じょういは》の志士《しし》たちから京都《きょうと》の治安《ちあん》を守《まも》るために設置《せっち》された、京都守護職《きょうとしゅごしょく》の地位《ちい》にあった。

着任《ちゃくにん》して早々《そうそう》、清河《きよかわ》の裏切《うらぎ》りがあり、京都《きょうと》にいのこった浪士組《ろうしぐみ》の残党《ざんとう》の面倒《めんどう》を幕府《ばくふ》からまかされたのだ。

浪士組《ろうしぐみ》は、まず容保《かたもり》や会津藩《あいづはん》の重臣《じゅうしん》たちの前《まえ》で剣技《けんぎ》を披露《ひろう》。そのうえで、表向《おもてむ》き、京都残留《きょうとざんりゅう》の嘆願書《たんがんしょ》を提出《ていしゅつ》することになった。

浪士組《ろうしぐみ》を引《ひ》きつれた紋付羽織姿《もんつきはおりすがた》の勇《いさみ》は無言《むごん》ながらも興奮《こうふん》していた。となりを歩《ある》いている、もともと武士《ぶし》の芹沢《せりざわ》はどうかわからないが、多摩《たま》の農民《のうみん》にすぎない勇《いさみ》が京都守護職《きょうとしゅごしょく》の地位《ちい》にある「お殿《との》さま」に、それも徳川将軍家《とくがわしょうぐんけ》と親戚《しんせき》にあたる松平家《まつだいらけ》の「お殿《との》さま」に会《あ》えるのだから興奮《こうふん》するのは当然《とうぜん》だった。京都守護職《きょうとしゅごしょく》の本陣《ほんじん》、金戒光明寺《こんかいこうみょうじ》で剣技《けんぎ》を披露《ひろう》した浪士組《ろうしぐみ》の面々《めんめん》は、板《いた》の間《ま》に平伏《へいふく》した。

かなりはなれた上座《かみざ》の畳《たたみ》の上《うえ》にいる容保《かたもり》が声《こえ》をかけてきた。

「そなたたちの剣技《けんぎ》はみごとであった。」

「ははーっ！」

芹沢《せりざわ》、勇《いさみ》らは、さらに平伏《へいふく》した。

容保《かたもり》がつづける。

「わが会津藩《あいづはん》には槍《やり》の使《つか》い手《て》が多《おお》いが、なにかあったとき、すぐに兵《へい》を出《だ》せないかもしれない。そなたたちのような者《もの》がいてくれると、余《よ》も心強《こころづよ》い。ともに京都《きょうと》を守《まも》ろうではないか。」

勇《いさみ》は感動《かんどう》して体《からだ》がふるえていた。

(お殿《との》さまが、声《こえ》をかけてくださっている！　幕臣《ばくしん》になれたわけではないから、まだ正真正銘《しょうしんしょうめい》の武士《ぶし》になったとはいえないが、お殿《との》さまは、われわれを武士《ぶし》としてあつかってくださっている！　このお方《かた》に一生《いっしょう》ついていく！　このお方《かた》に命《いのち》をささげる！)

局中法度書《きょくちゅうはっとがき》

八木邸《やぎてい》は芹沢鴨《せりざわかも》たちが独占《どくせん》しはじめたため、近藤勇《こんどういさみ》らは前川荘司《まえかわしょうじ》の邸宅《ていたく》にうつっていた。

幕末《ばくまつ》の京都《きょうと》市街略図《しがいりゃくず》
(1863年《ねん》ごろ)
下鴨社《しもがもしゃ》
北《きた》
鴨川《かもがわ》
金戒光明寺《こんかいこうみょうじ》
(会津本陣《あいづほんじん》)
黒谷《くろだに》
大和屋《やまとや》
千本通り《せんぼんどおり》
蛤御門《はまぐりごもん》
御所《ごしょ》
京都守護職邸《きょうとしゅごしょくてい》
河原町通り《かわらまちどおり》
丸太町通り《まるたまちどおり》
堀川通り《ほりかわどおり》
烏丸通り《からすまどおり》
寺町通り《てらまちどおり》
二条城《にじょうじょう》
二条通り《にじょうどおり》
長州藩邸《ちょうしゅうはんてい》
池田屋《いけだや》
三条大橋《さんじょうおおはし》
三条通り《さんじょうどおり》
近江屋《おうみや》
土佐藩邸《とさはんてい》
八木邸《やぎてい》
前川邸《まえかわてい》
四条通り《しじょうどおり》
桝屋《ますや》
祇園社《ぎおんしゃ》
壬生屯所《みぶとんしょ》
四条大橋《しじょうおおはし》
壬生寺《みぶでら》
新徳寺《しんとくじ》
松原通り《まつばらどおり》
高台寺《こうだいじ》
五条通り《ごじょうどおり》
島原《しまばら》
五条大橋《ごじょうおおはし》
高瀬川《たかせがわ》
西本願寺《にしほんがんじ》
方広寺《ほうこうじ》
(大仏《だいぶつ》)
油小路《あぶらのこうじ》
不動堂村屯所《ふどうどうむらとんしょ》
東寺《とうじ》

その前川邸《まえかわてい》で、勇《いさみ》が土方歳三《ひじかたとしぞう》らと話《はな》しているところに、芹沢《せりざわ》と、その側近《そっきん》の新見錦《にいみにしき》が顔《かお》を出《だ》した。

ふたりからは、ぷんと、酒《さけ》と白粉《おしろい》のにおいがした。ふたりは、ともに行動《こうどう》することが多《おお》い。

芹沢《せりざわ》が、勇《いさみ》に言《い》ってきた。

「近藤《こんどう》、知《し》ってるか。このへんの者《もの》が、われわれのことをなんとよんでいるか。」

「知《し》りません。」

「みぶろ、だとよ。」

「みぶろ？」

「壬生《みぶ》にたむろしている浪士《ろうし》たちってぇ意味《いみ》だろう。」

勇《いさみ》たち京都《きょうと》にのこった者《もの》たちは、まだ「新選組《しんせんぐみ》」を名乗《なの》っていなかった。かといってすでに解散《かいさん》になっている「浪士組《ろうしぐみ》」を名乗《なの》るわけにもいかなかったのだ。

勇《いさみ》がだまっていると、芹沢《せりざわ》が言《い》った。

「みんながそうよぶんなら、『壬生浪士《みぶろうし》』でいいんじゃねえか？」

そう言《い》って、また出《で》かけようとする芹沢《せりざわ》に、勇《いさみ》は聞《き》いた。

「このへんの人《ひと》が『みぶろ』とよんでいるのを聞《き》いたのですか？」

「いや、うわさだ。」

「うわさ？」

「ふふふ。」

芹沢《せりざわ》はわらいながら、また出《で》ていった。

そばにいた歳三《としぞう》が、部屋《へや》のすみにすわって茶《ちゃ》を飲《の》んでいる新見《にいみ》に聞《き》こえないくらいの小声《こごえ》で言《い》う。

「料亭《りょうてい》で、厚化粧《あつげしょう》の女《おんな》たちに酒《さけ》でも注《つ》がせていたのでしょう。のんきなものです。で、またなじみの女《おんな》のところに出向《でむ》いたんじゃないですか。」

「ま、いいじゃないか。」

そこで勇《いさみ》は、声《こえ》を大《おお》きくした。

「そういえば、総司《そうじ》はどこだ。」

「また壬生寺境内《みぶでらけいだい》で、近所《きんじょ》の子《こ》どもたちと鬼《おに》ごっこでもして遊《あそ》んでいるんじゃないですか。こまったものです。」

「あいつは、いつまでも子《こ》どもだな。だが、そういう歳三《としぞう》も端整《たんせい》な顔立《かおだ》ちだし、おまえのほうがよほど女《おんな》や子《こ》どもにもてそうだがな。」

「えっ……。」

すこしはなれたところで、ほかの隊士《たいし》と将棋《しょうぎ》を指《さ》している井上源三郎《いのうえげんざぶろう》が、年上《としうえ》らしくおだやかな口調《くちょう》で言《い》う。

「はっはっは。総司《そうじ》は、背《せ》も高《たか》いし、色黒《いろぐろ》で、こわいように思《おも》えますが、わらうと相好《そうごう》がくずれるんです。女性《じょせい》や子《こ》どもたちに人気《にんき》なんですよ。」

「そうか。」

さらに、自慢《じまん》の槍《やり》の穂先《ほさき》の手入《てい》れをしていた原田左之助《はらださのすけ》がわらう。

「土方《ひじかた》さんは、顔《かお》は優男《やさおとこ》なんですが、目《め》がこわいからなあ。」

歳三《としぞう》がふりかえると、左之助《さのすけ》は愛想笑《あいそわら》いをうかべながら、手《て》をひらひらさせた。

「くわばら、くわばら……なあ、平助《へいすけ》。」

「原田《はらだ》さん、ぼくをまきこまないでくださいよ。」

藤堂平助《とうどうへいすけ》がびくびくしながら言《い》うと、勇《いさみ》、歳三《としぞう》をのぞく者《もの》たちが、どっとわらった。

刀《かたな》の手入《てい》れをしている永倉新八《ながくらしんぱち》が、原田《はらだ》に言《い》う。

「左之助《さのすけ》、それくらいにしておけ。」

「えへへ。」

目立《めだ》たないところにすわっていた山南敬助《やまなみけいすけ》が勇《いさみ》に言《い》ってきた。

「正式《せいしき》に『壬生浪士組《みぶろうしぐみ》』を名乗《なの》るなら、組織《そしき》をちゃんとしなければいけませんね。」

部屋《へや》のすみにすわってだまっていた新見錦《にいみにしき》が立《た》ちあがり、部屋《へや》を出《で》ていきながら、言《い》った。

「おまえたちだけで幹部《かんぶ》を組織《そしき》するなよ。そんなことをしたら、芹沢《せりざわ》さんがだまっちゃいないからな。」

3月4日《がつよっか》に上洛《じょうらく》した将軍徳川家茂《しょうぐんとくがわいえもち》は、7日《なのか》に参内《さんだい》したのち、4月下旬《がつげじゅん》には大坂《おおざか》（現《げん》在《ざい》の大阪《おおさか》）にくだって大坂城《おおざかじょう》に入《はい》ることになった。その京都《きょうと》・大坂間《おおざかかん》の道中《どうちゅう》を、壬生《みぶ》浪士組《ろうしぐみ》が警護《けいご》にあたることになった。

壬生浪士組《みぶろうしぐみ》は隊服《たいふく》を着用《ちゃくよう》し、旗《はた》も立《た》てていた。

隊服《たいふく》にそでを通《とお》しながら、歳三《としぞう》が言《い》う。

「ちょっと派手《はで》じゃねえか。総司《そうじ》みたいなわかい者《もの》には似合《にあ》いかもしれないが。」

文句《もんく》を言《い》う歳三《としぞう》を見《み》て、総司《そうじ》が言《い》う。

「に、似合《にあ》ってますよ。」

「なぜ口《くち》ごもる。」

「あ、いや……。」

「近藤《こんどう》さんにも同《おな》じことが言《い》えるか。」

総司《そうじ》が首《くび》を横《よこ》にふると、すぐさま歳三《としぞう》が言《い》う。

「近藤《こんどう》さんも、おれも、似合《にあ》ってねえって言《い》ってるようなもんじゃねえか。」

「ご、ごめんなさい。」

隊服《たいふく》というのは、俗《ぞく》に「ダンダラ染《ぞ》め」といわれる、浅葱色《あさぎいろ》（わずかに緑《みどり》の入《はい》ったうすい青色《あおいろ》。水色《みずいろ》っぽい色《いろ》）の地《じ》に白《しろ》い山形《やまがた》をぬいたデザインの羽織《はおり》のこと。

旗《はた》の下辺《かへん》にも白《しろ》い山形《やまがた》がぬかれ、中央《ちゅうおう》に「誠《まこと》」の一文字《ひともじ》が白《しろ》くぬかれていた。はじめは「誠忠《せいちゅう》」の2文字《もじ》だったのが、のちに「誠《まこと》」1字《じ》になったともいわれている。

これらの費用《ひよう》はどうしたのだろうか。

京都守護職松平容保《きょうとしゅごしょくまつだいらかたもり》の配下《はいか》になり、会津藩《あいづはん》から衣食住《いしょくじゅう》のための給金《きゅうきん》はしはらわれていたがそれでは足《た》りないので、大坂《おおざか》の豪商平野屋五兵衛《ごうしょうひらのやごへえ》から金《かね》を借《か》り、京都《きょうと》の大丸呉服店《だいまるごふくてん》につくらせたとされている。

勇《いさみ》らは、家茂《いえもち》の警備《けいび》のため大坂《おおざか》にくだってから京都《きょうと》にもどってくるまでのおよそ20日間《はつかかん》に隊士《たいし》を募集《ぼしゅう》していた。

そのなかには、のちに新選組《しんせんぐみ》の中心《ちゅうしん》メンバーのひとりとなる斎藤一《さいとうはじめ》、隊士《たいし》の処分《しょぶん》などよごれ役《やく》を負《お》った島田魁《しまだかい》、顔《かお》があまりに普通《ふつう》で人《ひと》の記憶《きおく》にのこりにくいことから密偵《みってい》（スパイ）として活躍《かつやく》することになる山崎烝《やまざきすすむ》、新選組《しんせんぐみ》の勘定役《かんじょうやく》（経理《けいり》）となる商家《しょうか》出身《しゅっしん》の河合耆三郎《かわいきさぶろう》らもくわわっていた。

隊士募集《たいしぼしゅう》を終《お》えた勇《いさみ》は、右腕《みぎうで》の歳三《としぞう》、頭《あたま》のいい山南敬助《やまなみけいすけ》らの意見《いけん》も聞《き》きながら、組織《そしき》づくりを始《はじ》めた。水戸藩士《みとはんし》だった芹沢鴨《せりざわかも》や新見錦《にいみにしき》は、その輪《わ》に入《はい》ってはくれなかった。とはいえ無視《むし》するわけにもいかなかった。

局長《きょくちょう》は、芹沢鴨《せりざわかも》、近藤勇《こんどういさみ》、新見錦《にいみにしき》の3人《にん》。

副長《ふくちょう》は、山南敬助《やまなみけいすけ》、土方歳三《ひじかたとしぞう》。

助勤《じょきん》は、沖田総司《おきたそうじ》、永倉新八《ながくらしんぱち》、原田左之助《はらださのすけ》、藤堂平助《とうどうへいすけ》、井上源三郎《いのうえげんざぶろう》ら。

ほかに、調役並監察《しらべやくならびにかんさつ》、勘定役並小荷駄方《かんじょうやくならびにこにだがた》という役職《やくしょく》も設《もう》けていた。

紙《かみ》に書《か》かれた幹部名簿《かんぶめいぼ》を見《み》て、歳三《としぞう》が言《い》った。

「近藤《こんどう》さん、これでいいのですか。」

「副長《ふくちょう》の筆頭《ひっとう》になりたかったか。」

「おれのことはいい。近藤《こんどう》さんのことですよ。」

「どういうことだ。」

「芹沢《せりざわ》が筆頭《ひっとう》でいいのですか。それに新見《にいみ》は局長《きょくちょう》ではなく、副長《ふくちょう》でいいんじゃないですか？」

「ここは芹沢《せりざわ》さんたちを立《た》てておくほうが波風《なみかぜ》が立《た》たない。そういうものだ。」

「だが、これだけ隊士《たいし》がふえ、ひとりひとりが身勝手《みがって》にふるまうと、近藤《こんどう》さんがたいへんになる。隊規《たいき》がいりますよ。」

「隊規《たいき》か。なるほどな。――歳三《としぞう》、まかせていいか。」

「わかりました。――ただし、ばらばらな者《もの》たちをひとつの強《つよ》い武士集団《ぶししゅうだん》にするのですから、きびしくしますよ。」

「すでに、頭《あたま》の中《なか》では、まとまっているようだな。」

「芹沢《せりざわ》たちがいっしょに京都《きょうと》にのこったときから、考《かんが》えていました。」

歳三《としぞう》は、すぐに紙《かみ》にしたためたものをさしだしてきた。
「局中法度《きょくちゅうはっと》書《がき》」と書《か》かれていた。

一、士道《しどう》ニ背《そむ》キ間敷事《まじきこと》
一、局《きょく》ヲ脱《だっ》スルヲ不許《ゆるさず》
一、勝手《かって》ニ金策致《きんさくいたす》不可《べからず》
一、勝手《かって》ニ訴訟《そしょう》取扱《とりあつかう》不可《べからず》
一、私《わたくし》ノ闘争《とうそう》ヲ不許《ゆるさず》
右《みぎ》条々《じょうじょう》相背《あいそむき》候者《そうろうもの》切腹《せっぷく》申付《もうしつく》ベク候也《そうろうなり》

現代語訳《げんだいごやく》すると、こうなる。
一、武士道《ぶしどう》に反《はん》するような道徳《どうとく》にはずれた行為《こうい》をしてはならない。
二、勝手《かって》な逃亡《とうぼう》はゆるさない。

三、ないしょで金《かね》を借《か》りたり、貸《か》したりしてはならない。
四、ないしょで裁判沙汰《さいばんざた》を起《お》こしてはならない。
五、ないしょで、ほかの組織《そしき》の者《もの》とたたかってはならない。
これらが守《まも》れないときは、切腹《せっぷく》してもらう。


「歳三《としぞう》、いささか、きびしすぎはしないか。」

「これくらいきびしくしなければ、隊士《たいし》たちをとりしまれません。そのために調役《しらべやく》並監察《ならびにかんさつ》をおいたのです。」

「いいだろう。隊士《たいし》たちを全員集《ぜんいんあつ》めてくれ。わたしが朗読《ろうどく》して聞《き》かせる。」

すぐに隊士全員《たいしぜんいん》が集《あつ》められることになった。

あらかじめ、勇《いさみ》は、芹沢《せりざわ》と新見《にいみ》に「局中法度書《きょくちゅうはっとがき》」を見《み》せた。

あくまでも「局中法度書《きょくちゅうはっとがき》」は、芹沢《せりざわ》、勇《いさみ》、新見《にいみ》の3人《にん》が決《き》めたものとしなければならなかったからだ。

新見《にいみ》はすこしおどろいた顔《かお》をしていたが、芹沢《せりざわ》は平気《へいき》な顔《かお》をして言《い》った。

「いいんじゃないか。」

「隊士《たいし》たちの前《まえ》で読《よ》みあげます。」

「すきにしろ。」

勇《いさみ》が「局中法度書《きょくちゅうはっとがき》」を読《よ》みあげたところ、隊士《たいし》たちのあいだに緊張《きんちょう》が走《はし》った。隊士《たいし》のなかには、局長《きょくちょう》3人《にん》のほうではなく、前列端《ぜんれつはし》にすわっている歳三《としぞう》のほうを、ちらちら見《み》ている者《もの》もいた。

隊士《たいし》たちは「局中法度書《きょくちゅうはっとがき》」をつくったのが歳三《としぞう》だとわかっているのだ。

隊士《たいし》たちを代表《だいひょう》するように、井上源三郎《いのうえげんざぶろう》がおそるおそるといった感《かん》じで口《くち》を開《ひら》いた。

「切腹《せっぷく》というのは、いかがなものでしょうか。」

勇《いさみ》が口《くち》を開《ひら》こうとすると、歳三《としぞう》が言《い》った。

「われわれは容保公《かたもりこう》のもとではたらいたのち、だれからも武士《ぶし》とみとめられる幕臣《ばくしん》となるために上洛《じょうらく》したのだ。武士《ぶし》の責任《せきにん》の取《と》り方《かた》は、ただひとつ。切腹《せっぷく》だ。」

「わ、わかりました。」

ずっとだまっていた芹沢《せりざわ》がうすくわらった。

「武士《ぶし》じゃねえからこそ、かえってきびしくなるのかもしれねえな。花《はな》は桜木《さくらぎ》、人《ひと》は武士《ぶし》。武士《ぶし》っていやあ『切腹《せっぷく》』ってわけか。農民《のうみん》は必死《ひっし》でいけねえ。」

歳三《としぞう》が腰《こし》をうかせた。

「なんだと！」

「歳三《としぞう》、やめろ。」

勇《いさみ》は思《おも》っていた。

（歳三《としぞう》。隊《たい》のためとはいえ、ここまできらわれ役《やく》を買《か》ってでることはないのに……。）

「局中法度書《きょくちゅうはっとがき》」が発表《はっぴょう》されてから、壬生浪士組内部《みぶろうしぐみないぶ》には、ぴりっとした空気《くうき》がはりつめ、まとまりはじめた。

だが同時《どうじ》に歳三《としぞう》への批判《ひはん》も出《で》はじめていた。

試衛館《しえいかん》時代《じだい》からずっといっしょにすごしている隊士《たいし》たちはだまっていたが、上洛《じょうらく》したあとに入《はい》った隊士《たいし》のなかには、おだやかな井上源三郎《いのうえげんざぶろう》や山南敬助《やまなみけいすけ》にぐちをこぼす者《もの》もいた。井上《いのうえ》は「まあまあ。」となだめていたが、山南《やまなみ》は真面目《まじめ》に話《はなし》を聞《き》いているようだった。それを耳《みみ》にしながら、勇《いさみ》は思《おも》っていた。

（ぐちなら、わたしにもらせばいいのに。）

2 池田屋事件《いけだやじけん》

芹沢鴨粛清《せりざわかもしゅくせい》

「近藤《こんどう》さん、芹沢《せりざわ》たち、目《め》にあまりますよ。」

近藤勇《こんどういさみ》が壬生村《みぶむら》の前川邸《まえかわてい》の自室《じしつ》にいたところ、土方歳三《ひじかたとしぞう》が入《はい》ってきて、小声《こごえ》で言《い》った。

「うむ……。」

勇《いさみ》は、正座《せいざ》をしたまま腕組《うでぐ》みをし、目《め》をとじていた。

文久《ぶんきゅう》3（1863）年《ねん》8月下旬《がつげじゅん》、庭《にわ》には赤蜻蛉《あかとんぼ》がとびはじめている。

歳三《としぞう》がつづける。

「これまでのいくつもの事件《じけん》は、明《あき》らかに隊規《たいき》に違反《いはん》しています。なかでも、あのふたつの事件《じけん》は……。」

歳三《としぞう》が言《い》う、ふたつの事件《じけん》は、どちらも勇《いさみ》の見《み》ていないところで起《お》きた。

ひとつは、6月3日《がつみっか》に起《お》きた大坂力士乱闘事件《おおざかりきしらんとうじけん》だ。

京都《きょうと》だけでなく大坂《おおざか》にも多《おお》くいる過激《かげき》な攘夷派《じょういは》の志士《しし》たちをとりしまるため、芹沢《せりざわ》鴨《かも》が30人近《にんちか》くの壬生浪士組《みぶろうしぐみ》をひきいて出向《でむ》いていた。

隊士《たいし》たちが川岸《かわぎし》の道《みち》を歩《ある》きはじめたところ、前《まえ》から力士《りきし》が歩《ある》いてきた。

当時《とうじ》、大坂《おおざか》には小野川秀五郎《おのがわひでごろう》という力士《りきし》がいたが、攘夷派《じょういは》の志士《しし》たちと同《おな》じ考《かんが》えだった。「なにかあれば力士隊《りきしたい》をひきいて攘夷《じょうい》する！」と豪語《ごうご》していて、その考《かんが》えにそまった力士《りきし》が多《おお》かった。

先頭《せんとう》を歩《ある》いていた芹沢《せりざわ》は「端《はし》によれ！」と命令《めいれい》したが、無視《むし》した力士《りきし》と言《い》い合《あ》いになり……芹沢《せりざわ》は斬《き》ってしまった。

さらに仲間《なかま》の力士《りきし》がやってきて、浪士組《ろうしぐみ》と力士《りきし》たちはもみ合《あ》いになった。

芹沢《せりざわ》は、なかのひとりに馬乗《うまの》りになっておどした。

「武士《ぶし》に無礼《ぶれい》をはたらくな。」

腹痛《ふくつう》を起《お》こした斎藤一《さいとうはじめ》を看病《かんびょう》する目的《もくてき》もあって、その後《ご》、芹沢《せりざわ》たちが茶屋《ちゃや》にあがって酒《さけ》を飲《の》んでいると、表《おもて》から声《こえ》が聞《き》こえてきた。

「なんぼ侍《さむらい》かて、いきなり斬《き》り殺《ころ》すことはないやないか！ 出《で》てこんか！」

力士《りきし》たちがおおぜいで復讐《ふくしゅう》にやってきたらしい。

すぐに芹沢《せりざわ》は反応《はんのう》した。

「おう、いま、出《で》ていってやる！」

表《おもて》に出《で》ると、いかつい力士《りきし》たちが立《た》ちふさがるように立《た》っていた。

だが芹沢《せりざわ》は、表《おもて》に出《で》たときには抜刀《ばっとう》しており、容赦《ようしゃ》なく斬《き》りかかっていった。

乱闘《らんとう》のすえ、多《おお》くの死傷者《ししょうしゃ》が出《で》た。その数《かず》ははっきりわかっていない。

壬生浪士組《みぶろうしぐみ》、大坂《おおざか》の相撲界《すもうかい》、それぞれから大坂町奉行所《おおざかまちぶぎょうしょ》へ事件《じけん》をとどけでた結果《けっか》、会津藩《あいづはん》あずかりの壬生浪士組《みぶろうしぐみ》の威光《いこう》が勝《まさ》って、力士《りきし》たちは斬《き》られ損《ぞん》となった。

もうひとつは大和屋《やまとや》焼き打《う》ち事件《じけん》。

8月《がつ》12日夜《にちよる》、近藤勇一派《こんどういさみいっぱ》が壬生《みぶ》で相撲興行見物《すもうこうぎょうけんぶつ》に出《で》かけているあいだに起《お》きた事件《じけん》だった。

大坂力士乱闘事件《おおざかりきしらんとうじけん》のあと、壬生浪士組《みぶろうしぐみ》の仲立《なかだ》ちによって、それまで対立《たいりつ》していた大坂《おおざか》の相撲界《すもうかい》と京都《きょうと》の相撲界《すもうかい》が和解《わかい》。その披露《ひろう》として相撲興行《すもうこうぎょう》が開催《かいさい》され、勇《いさみ》らは出《で》かけていたのだ。

京都《きょうと》の葭屋町一条下《よしやまちいちじょうさが》ルに「大和屋《やまとや》」という、生糸《きいと》、反物《たんもの》、縮緬《ちりめん》などをあつかう商家《しょうか》があった。その主人《しゅじん》の庄兵衛《しょうべえ》が、公卿中山忠光《くぎょうなかやまただみつ》を中心《ちゅうしん》につくられた攘夷派《じょういは》の武装集《ぶそうしゅう》団《だん》、天誅組《てんちゅうぐみ》に多額《たがく》の軍資金《ぐんしきん》を出《だ》したという話《はなし》を聞《き》きつけた芹沢鴨《せりざわかも》が出向《でむ》いた。

店《みせ》ののれんをくぐった芹沢《せりざわ》は、天誅組《てんちゅうぐみ》の一件《いっけん》をもちだしてから、言《い》った。

「天誅組《てんちゅうぐみ》にはらえるなら壬生浪士《みぶろうし》にもはらえるだろう。」

だが主人《しゅじん》は留守《るす》だった。

「だんなさまは、旅《たび》に出《で》ておりまして。」

「なんだと……。」

おこった芹沢《せりざわ》は、一度《いちど》壬生《みぶ》の屯所《とんしょ》にもどって一派《いっぱ》を引《ひ》きつれると、大和屋《やまとや》がある一帯《いったい》の町《まち》の世話役《せわやく》たちに言《い》った。

「これから大和屋《やまとや》を焼《や》き打《う》ちにする。近所《きんじょ》の者《もの》は表《おもて》に出《で》るな。——そうつたえよ。」

芹沢《せりざわ》は、夜中《よなか》から大和屋《やまとや》焼《や》き打《う》ちを始《はじ》めた。まかりまちがえば、大和屋《やまとや》だけでなく京都《きょうと》じゅうを焼《や》いてしまう大火事《おおかじ》になりかねない。だが芹沢《せりざわ》は、屋根《やね》の上《うえ》にのぼって焼《や》き打《う》ちの指図《さしず》をし、京都所司代《きょうとしょしだい》の火消《ひけ》しを近《ちか》づかせなかったという。

焼《や》き打《う》ちは翌日《よくじつ》までつづき、夕方《ゆうがた》、芹沢《せりざわ》は「愉快愉快《ゆかいゆかい》」とわらいながら壬生《みぶ》の屯所《とんしょ》に帰《かえ》っていった。

この事件《じけん》の数日後《すうじつご》の8月《がつ》18日《にち》、壬生浪士組《みぶろうしぐみ》の勇《いさみ》たちが近《ちか》づくこともできない御所《ごしょ》（帝《みかど》が住《す》む所《ところ》）で大《おお》きな事件《じけん》が起《お》きていた。

その事件《じけん》は、幕末《ばくまつ》の、いや、日本《にっぽん》の歴史《れきし》の流《なが》れを大《おお》きくかえることになる……。

京都守護職《きょうとしゅごしょく》をつとめる会津藩主《あいづはんしゅ》の松平容保《まつだいらかたもり》からの使《つか》いがやってきて、御所《ごしょ》に出動《しゅつどう》するよう壬生浪士組《みぶろうしぐみ》に命令《めいれい》がくだった。

命令《めいれい》を受《う》けた近藤勇《こんどういさみ》のもとに、同《おな》じ局長《きょくちょう》の芹沢鴨《せりざわかも》と新見錦《にいみにしき》が近《ちか》づいてきた。ふたり、とくに新見《にいみ》は酒臭《さけくさ》かった。

芹沢《せりざわ》が聞《き》いてくる。

「なんだって？」

「御所内《ごしょない》で事件《じけん》だそうです。」

「事件《じけん》？　どういうことだ？」

容保《かたもり》からの命令書《めいれいしょ》を読《よ》んだだけではわかりにくかった勇《いさみ》は、山南敬助《やまなみけいすけ》をよんで説明《せつめい》させた。

山南《やまなみ》が、芹沢《せりざわ》に聞《き》く。

「御所内《ごしょない》の公卿《くぎょう》たちが分裂《ぶんれつ》していることは……。」

帝《みかど》を頂点《ちょうてん》に、位階《いかい》の高《たか》い公卿《くぎょう》、その下《した》のヒラの公家《くげ》たちによって朝廷《ちょうてい》はかたちづくられている。

いま、世《よ》の中《なか》の武士《ぶし》たちは、開国《かいこく》した幕府《ばくふ》に味方《みかた》する佐幕派《さばくは》（「佐《さ》」には「助《たす》ける」の意味《いみ》がある）、開国《かいこく》したことに反対《はんたい》する攘夷派《じょういは》に分《わ》かれているが、公卿《くぎょう》たちもまた、佐幕派《さばくは》と攘夷派《じょういは》に分《わ》かれていた。

「ばかにするな。それくらい知《し》っている。」

「このところ、御所内《ごしょない》では、国難《こくなん》をのりこえるためには、公家《くげ》たちからなる朝廷《ちょうてい》と武《ぶ》家《け》たちからなる幕府《ばくふ》がなかよくしたほうがいいという『公武合体派《こうぶがったいは》』の勢力《せいりょく》がましていました。薩摩藩《さつまはん》も、いまは公武合体《こうぶがったい》の方向《ほうこう》でまとまっているようです。そして今《こん》回《かい》、事件《じけん》が起《お》きたのです。」

「事件《じけん》……。」

「公武合体派《こうぶがったいは》が、わが会津藩《あいづはん》、薩摩藩《さつまはん》に御所《ごしょ》を囲《かこ》ませ、攘夷派《じょういは》の公卿《くぎょう》7人《にん》を朝廷《ちょうてい》から追放《ついほう》したのです。」

この一件《いっけん》は、事件《じけん》が起《お》きた月日《つきひ》から「八月十八日《はちがつじゅうはちにち》の政変《せいへん》」とよばれている。

「このあと御所周辺《ごしょしゅうへん》はどうなります？」

「攘夷派《じょういは》の長州藩《ちょうしゅうはん》がおしかけるではないか！」

「だから、壬生浪士組《みぶろうしぐみ》にもお呼《よ》びがかかったのです。」

「わかった！　近藤《こんどう》、行《い》くぞ！　新見《にいみ》は屯所《とんしょ》を守《まも》れ。」

壬生浪士組《みぶろうしぐみ》は、ダンダラ染《ぞ》めの羽織《はおり》に身《み》をつつみ、「誠《まこと》」の一文字《ひともじ》を旗印《はたじるし》にかけつけた。局長《きょくちょう》の芹沢鴨《せりざわかも》も近藤勇《こんどういさみ》も甲冑《かっちゅう》に身《み》をつつんで指揮《しき》にあたった。

勇《いさみ》は、試衛館《しえいかん》の弟子《でし》たちに命《めい》じた。

「われわれは、松平容保公《まつだいらかたもりこう》のおあずかり！　幕府《ばくふ》の一員《いちいん》だ！　はずかしくない働《はたら》きをしようではないか！」

面々《めんめん》がうなずくなか、総司《そうじ》が元気《げんき》よく返事《へんじ》をする。

「はい！」

だが、その顔色《かおいろ》はけっしてよくない。

歳三《としぞう》は、総司《そうじ》に声《こえ》をかけた。

「顔色《かおいろ》が悪《わる》いぞ。だいじょうぶか。」

「だいじょうぶです。長州藩《ちょうしゅうはん》のやつらなど、この剣《けん》でたたき斬《き》ってやります。」

そう言《い》って、総司《そうじ》はわらってみせた。

「その意気《いき》だ。」

にらみ合《あ》いはつづいたが、大《おお》きなさわぎになることもなく、公卿《くぎょう》7人《にん》は長州藩兵《ちょうしゅうはんぺい》に守《まも》られながら長州《ちょうしゅう》へくだっていった（「七卿落《しちきょうお》ち」という）。

この事件《じけん》を機《き》に、長州藩《ちょうしゅうはん》をはじめとする攘夷派《じょういは》は京都《きょうと》から一掃《いっそう》された。佐幕派《さばくは》（公《こう》武合体派《ぶがったいは》）が勢力《せいりょく》をましした。

壬生屯所《みぶとんしょ》に帰《かえ》りながら、歳三《としぞう》が勇《いさみ》に言《い》った。

「長州藩《ちょうしゅうはん》は、われら会津藩《あいづはん》、薩摩藩《さつまはん》におそれをなして落《お》ちていったわけですね。」

「そうだ。佐幕派《さばくは》、公武合体派《こうぶがったいは》が、攘夷派《じょういは》を駆逐《くちく》したのだ。」

「佐幕派《さばくは》の勝利《しょうり》ですね！」

「このまま過激《かげき》な攘夷派《じょういは》がいなくなってくれれば、京都《きょうと》の人《ひと》たちも安心《あんしん》してくらせるのだがな。」

八月十八日《はちがつじゅうはちにち》の政変以後《せいへんいご》、長州藩《ちょうしゅうはん》は薩摩藩《さつまはん》と会津藩《あいづはん》をにくみつづけるようになる。その3か月《げつ》ほどまえ、長州藩《ちょうしゅうはん》は下関《しものせき》で攘夷《じょうい》を決行《けっこう》していた。馬関《ばかん》（関門《かんもん》）海峡《かいきょう》を封鎖《ふうさ》して、フランスやアメリカなどの船《ふね》を攻撃《こうげき》したのだ。だが逆襲《ぎゃくしゅう》にあい、大打撃《だいだげき》を受《う》けたこともあって、しだいに「攘夷《じょうい》」を放棄《ほうき》、「倒幕《とうばく》」のスローガンをかかげることになる。

八月十八日《はちがつじゅうはちにち》の政変《せいへん》の功績《こうせき》によって、壬生浪士組《みぶろうしぐみ》には正式《せいしき》に隊名《たいめい》がくだされることになった。

――「新選組《しんせんぐみ》」。

かつて会津藩《あいづはん》のなかに、武芸《ぶげい》にひいでた子弟《してい》からえらばれた「新選組《しんせんぐみ》」という組織《そしき》が存在《そんざい》していたため、この隊名《たいめい》が引《ひ》きつがれた。

八月十八日《はちがつじゅうはちにち》の政変後《せいへんご》の8月下旬《がつげじゅん》に話《はなし》はもどる。

芹沢《せりざわ》のことを切《き》りだした歳三《としぞう》に、勇《いさみ》は言《い》った。

「芹沢《せりざわ》さんたちにはないしょだが、わたし、おまえ、あと山南《やまなみ》さん、総司《そうじ》、原田《はらだ》が容《かた》保公《もりこう》によばれている。」

「用件《ようけん》は……。」

「大和屋《やまとや》の一件《いっけん》だろう。」

勇《いさみ》、歳三《としぞう》、山南敬助《やまなみけいすけ》、沖田総司《おきたそうじ》、原田左之助《はらださのすけ》は、京都守護職《きょうとしゅごしょく》の屋敷《やしき》に出向《でむ》いた。

床《ゆか》に平伏《へいふく》している勇《いさみ》らに対《たい》し、容保《かたもり》が言《い》った。

「なにゆえよばれたかわかっておろう。」

勇《いさみ》が代表《だいひょう》して答《こた》える。

「大和屋《やまとや》焼き打《う》ちの一件《いっけん》にございますか。」

容保《かたもり》は、それには答《こた》えず、すこし間《ま》をおいてから、はっきりと言《い》った。

「芹沢鴨《せりざわかも》を処分《しょぶん》せよ。」

芹沢《せりざわ》が大和屋《やまとや》に出向《でむ》いたこと自体《じたい》、隊規《たいき》のなかの「勝手《かって》ニ金策致不可《きんさくいたすべからず》」に違反《いはん》しているだけではない。大坂力士乱闘事件《おおざかりきしらんとうじけん》も、勇《いさみ》がおさめたからいいものの、明《あき》らかに「士道《しどう》ニ背《そむ》キ間敷事《まじきこと》」に違反《いはん》している。

勇《いさみ》らが容保《かたもり》によばれて半月《はんつき》ばかりがたった9月《がつ》13日《にち》、勇《いさみ》、歳三《としぞう》らは、祇園《ぎおん》にある料《りょう》亭《てい》の一室《いっしつ》で新見錦《にいみにしき》を囲《かこ》んで見下《みお》ろしていた。

浪士組《ろうしぐみ》の局長《きょくちょう》でありながら、飲《の》み歩《ある》いているばかりではない。芹沢《せりざわ》の右腕《みぎうで》として、商家《しょうか》から金《かね》をうばうなどしていたことを理由《りゆう》に切腹《せっぷく》をせまる。

新見《にいみ》も剣《けん》におぼえはあったようだが、勇《いさみ》や歳三《としぞう》らに囲《かこ》まれたため、首《くび》をはねられることより、みずから腹《はら》を切《き》るほうをえらんだ。

畳《たたみ》の上《うえ》につっぷして事切《こときれ》れている新見《にいみ》を見下《みお》ろしながら、勇《いさみ》は言《い》った。

「あとは芹沢《せりざわ》だな。新見《にいみ》のようにはいかないだろうな。」

「近藤《こんどう》さん……。」

山南敬助《やまなみけいすけ》だ。

「なんだ。」

「芹沢《せりざわ》さんも処分《しょぶん》するのですか。」

「容保公《かたもりこう》のご命令《めいれい》だからな。」

「京都守護職《きょうとしゅごしょく》の命令《めいれい》だから、ですか。」

「…………。」

勇《いさみ》はだまっている。

「容保公《かたもりこう》が、徳川宗家《とくがわそうけ》の親戚筋《しんせきすじ》の会津松平氏《あいづまつだいらし》だからですか。」

「そうだ。」

「芹沢《せりざわ》さんを処分《しょぶん》して、人々《ひとびと》の役《やく》に立《た》ちますか。」

「ご命令《めいれい》なのだ。」

「おわかりですか、よごれ仕事《しごと》ですよ。」

「うむ……。」

「武士《ぶし》のあり方《かた》として、どうかしていると思《おも》うのです。」

歳三《としぞう》がいらだったように言《い》った。

「山南《やまなみ》さん、いいかげんにしろ。近藤《こんどう》さんが決《き》めたことだぞ。」

こんどは山南《やまなみ》がだまった。

歳三《としぞう》が、山南《やまなみ》の存在《そんざい》を無視《むし》するように、勇《いさみ》に話《はな》しかける。

「芹沢《せりざわ》は、きっと新見《にいみ》のようにすんなり腹《はら》を切《き》ってはくれませんよ。それに、剣《けん》の腕《うで》が立《た》つ。」

芹沢《せりざわ》は神道無念流《しんとうむねんりゅう》の使《つか》い手《て》と聞《き》いている。

「そうさな。」

勇《いさみ》が口《くち》を「へ」の字《じ》にまげる。

歳三《としぞう》が顔色《かおいろ》ひとつかえずに言《い》う。

「酔《よ》っぱらっているときにおそうしかありません。」

「それは卑怯《ひきょう》ではないか。」

「こちらの犠牲者《ぎせいしゃ》を出《だ》すわけにいきませんから。」

「うむ……。」

「酔《よ》っぱらっている寝込《ねこ》みをおそって斬《き》り、にげてしまえば、だれのしわざかわかりませんよ。」

「たしかに、そうだが……。」

京都《きょうと》や大坂《おおざか》での所業《しょぎょう》から、芹沢《せりざわ》をうらんでいる者《もの》は多《おお》い。

「長州藩士《ちょうしゅうはんし》がやったことにすればいいんですよ。」

「歳三《としぞう》、おまえ……。」

「すべては隊《たい》のためです。おれ、総司《そうじ》はじめ、試衛館《しえいかん》の者《もの》がやりますから、近藤《こんどう》さんは部屋《へや》で寝《ね》たふりでもしていてください。近藤《こんどう》さんまで部屋《へや》にいなかったら、われわれのしわざだと気《き》づかれるかもしれませんから。」

「そうだな。わかった。」

勇《いさみ》は、歳三《としぞう》の提案《ていあん》を受《う》けいれざるをえなかった。

(京都《きょうと》に来《き》てから歳三《としぞう》はかわったな。だが、すべては隊《たい》のためだ。――試衛館道場《しえいかんどうじょう》で汗水《あせみず》たらしながら練習《れんしゅう》に明《あ》け暮《く》れ、わらいながら飯《めし》を食《く》っていたような時代《じだい》は終《お》わったのかもしれない。わたしもかわるときがきたか……。）

さらにその3日後《みっかご》の9月《がつ》16日《にち》。

その日《ひ》は朝《あさ》から雨《あめ》がふっていて、夕方《ゆうがた》からはどしゃぶりになった。

京都《きょうと》の島原《しまばら》の料亭《りょうてい》で新選組《しんせんぐみ》の宴会《えんかい》があり、夜《よる》、芹沢《せりざわ》が泥酔《でいすい》したまま駕籠《かご》にゆられて八木邸《やぎてい》にもどってきた。子分格《こぶんかく》の隊士《たいし》ふたりもいっしょだった。

3人《にん》は、それぞれ女性《じょせい》をはべらせて飲《の》みなおしたあと、ふとんに入《はい》った。

そして寝静《ねしず》まったころ、歳三《としぞう》、総司《そうじ》のほか、原田左之助《はらださのすけ》、山南敬助《やまなみけいすけ》も侵入《しんにゅう》した。

歳三《としぞう》と総司《そうじ》が、芹沢《せりざわ》をおそった。

「きさまら！　なにを！」

芹沢《せりざわ》は反撃《はんげき》した。総司《そうじ》は鼻《はな》の下《した》に軽《かる》い傷《きず》を負《お》った。

芹沢《せりざわ》がはってにげるところを歳三《としぞう》がおそった。肩《かた》から背中《せなか》にかけてバッサリ。さらにメッタざしにした。

そのすこしまえ、原田《はらだ》と山南《やまなみ》はにげるひとりを斬殺《ざんさつ》。もうひとりは逃亡《とうぼう》した。

翌日《よくじつ》、勇《いさみ》は、松平容保《まつだいらかたもり》に報告《ほうこく》した。

――「賊《ぞく》が入《はい》って芹沢鴨《せりざわかも》らが斬《き》られました。」

もちろん表向《おもてむ》きのことだ。

事件《じけん》の翌々日《よくよくじつ》、新選組《しんせんぐみ》によって芹沢《せりざわ》ともうひとりの葬儀《そうぎ》がとりおこなわれた。

その葬儀《そうぎ》のとき、こんなうわさが流《なが》れていた。

――「刺客《しかく》がしのびこんだのだ、長州《ちょうしゅう》のやつらしい。」

――「いかに熟睡中《じゅくすいちゅう》とはいえ、芹沢先生《せりざわせんせい》を殺《ころ》したうえ、証拠《しょうこ》ひとつのこさず去《さ》るとは、敵《てき》ながらあっぱれ。」

容保《かたもり》によびだされた5人以外《にんいがい》の隊士《たいし》には、真相《しんそう》はかくされていた。

このあとも芹沢一派《せりざわいっぱ》は処分《しょぶん》され、局長《きょくちょう》は近藤勇《こんどういさみ》ひとり、副長《ふくちょう》は土方歳三《ひじかたとしぞう》ひとり、そして新《あら》たにもうけた総長《そうちょう》の地位《ちい》に山南敬助《やまなみけいすけ》がつき、ようやく新選組《しんせんぐみ》は、ひとつにまとまりはじめた。

尊王攘夷派《そんのうじょういは》、潜伏《せんぷく》

「近藤《こんどう》さん、火事《かじ》です！」

土方歳三《ひじかたとしぞう》が、勇《いさみ》の部屋《へや》にとびこんできた。

元治《げんじ》１（１８６４）年《ねん》4月《がつ》22日《にち》のことだ。

「歳三《としぞう》、どこだ。」

「四条大橋《しじょうおおはし》の南《みなみ》、鴨川《かもがわ》の西岸《せいがん》あたりとのこと。」

「すぐに加勢《かせい》を出《だ》せ。」

勇《いさみ》がしばらく待《ま》っていると、火事現場《かじげんば》近《ちか》くからひとりの男《おとこ》が壬生村《みぶむら》の屯所《とんしょ》に連行《れんこう》されてきた。

火事現場《かじげんば》で往来《おうらい》のじゃまをしていたふたりの男《おとこ》がいて、とりおさえたが、ひとりが逃亡《とうぼう》。のこったひとりを連行《れんこう》してきたという。

「つけ火《び》をした下手人《げしゅにん》（犯人《はんにん》）かもしれない。よくとりしらべろ。」

勇《いさみ》の命令《めいれい》で、隊士《たいし》がとりしらべたところ、男《おとこ》は自称《じしょう》「長州藩邸《ちょうしゅうはんてい》の門番《もんばん》」で、さらにきびしくとりしらべたところ、八月十八日《はちがつじゅうはちにち》の政変以後《せいへんいご》、追《お》われていた長州《ちょうしゅう》の者《もの》たち250人《にん》が京都《きょうと》に潜入《せんにゅう》していると自白《じはく》した。この火事《かじ》さわぎも、京都《きょうと》を混乱《こんらん》させるためにしくまれた可能性《かのうせい》がある。

歳三《としぞう》が、勇《いさみ》に報告《ほうこく》してくる。

「長州藩《ちょうしゅうはん》の尊王攘夷派《そんのうじょういは》の連中《れんちゅう》がもどってきて、京都《きょうと》でなにか起《お》こすつもりですよ。」

「市中探索《しちゅうたんさく》を強化《きょうか》しろ。」

市中《しちゅう》を探索《たんさく》した結果《けっか》、新選組《しんせんぐみ》はひとりの男《おとこ》に目《め》をつけた。

たきぎや炭《すみ》を売《う》っている「桝屋《ますや》」の主人《しゅじん》、桝屋喜右衛門《ますやきえもん》。

桝屋《ますや》の表戸《おもてど》に「皇国鋭民《こうこくえいみん》」を名乗《なの》る者《もの》による幕府《ばくふ》を批判《ひはん》する紙《かみ》がはられていたため、新選組《しんせんぐみ》は以前《いぜん》から目《め》をつけていたのだ。

この喜右衛門《きえもん》という男《おとこ》は、独《ひと》り身《み》で近所《きんじょ》づきあいもせず、使用人《しようにん》もおいていない。

ろくに商売《しょうばい》もしていなさそうなのに、人《ひと》に貸《か》している家《いえ》もかなりある資産家《しさんか》だ。だが、その金《かね》がどこから出《で》ているのかよくわからないので、ずっと監視《かんし》していた。

さらに6月《がつ》に入《はい》ったところで、攘夷派《じょういは》にあやしい動《うご》きがあることを察知《さっち》する。

「近藤《こんどう》さん、どう思《おも》う。」

「歳三《としぞう》、その喜右衛門《きえもん》という男《おとこ》、商人《しょうにん》ではないかもしれんな。つかまえて、とりしらべろ。」

そして6月5日《がついつか》早朝《そうちょう》に捕縛《ほばく》、屯所《とんしょ》に連行《れんこう》した。

取《と》り調《しら》べには、勇《いさみ》と歳三《としぞう》があたった。

勇《いさみ》は聞《き》いた。

「桝屋喜右衛門《ますやきえもん》、なにゆえ、あそこに店《みせ》を開《ひら》いているふりをしている。おまえは、いったい、何者《なにもの》なのだ。」

だが喜右衛門《きえもん》は答《こた》えない。

「近藤《こんどう》さん、あとは、おれが。」

「わかった。」

しばらくして、歳三《としぞう》が報告《ほうこく》してきた。

「近藤《こんどう》さん、わかりましたよ。あの男《おとこ》、商人《しょうにん》でも、喜右衛門《きえもん》という名《な》でもなく、古高《ふるたか》俊太郎《しゅんたろう》という名《な》だそうです。」

「なにをしようとしているのだ。」

「御所《ごしょ》につけ火《び》をし、あわてて参内《さんだい》する中川宮朝彦親王《なかがわのみやあさひこしんのう》と松平容保公《まつだいらかたもりこう》をおそい、さらに、ほかの長州《ちょうしゅう》と敵対《てきたい》する大名《だいみょう》もおそい、帝《みかど》を長州《ちょうしゅう》にお連《つ》れする……つもりだそうです。」

「いつごろの予定《よてい》なのだ。」

「2日後《ふつかご》の6月7日《がつなのか》。」

「明後日《あさって》は……祇園祭《ぎおんまつり》ではないか。そんな日《ひ》に御所《ごしょ》につけ火《び》などゆるせん！　――そのまえに、どこかで集《あつ》まるだろうな。それは、いつだと思《おも》う。」

「今夜《こんや》。」

「よし、容保公《かたもりこう》に文《ふみ》を書《か》き、応援《おうえん》を要請《ようせい》する。おまえは出動《しゅつどう》する準備《じゅんび》をさせておいてくれ。」

「わかりました。」

部屋《へや》から出《で》ていこうとする歳三《としぞう》の背中《せなか》に、勇《いさみ》は聞《き》いた。

「歳三《としぞう》、よく口《くち》をわらせたな。」

「ええ、まあ……。」

歳三《としぞう》は口《くち》をにごして出《で》ていった。

じつは歳三《としぞう》がかなりきつい拷問《ごうもん》にかけて口《くち》をわらせたと、あとになって勇《いさみ》は知《し》ることになる。

古高俊太郎《ふるたかしゅんたろう》が捕縛《ほばく》されたことを知《し》った長州藩邸内《ちょうしゅうはんていない》では、長州《ちょうしゅう》の志士《しし》、熊本藩出身《くまもとはんしゅっしん》の宮部鼎蔵《みやべていぞう》らもくわわって会議《かいぎ》がもたれていた。

御所《ごしょ》に放火《ほうか》すると同時《どうじ》に、新選組屯所《しんせんぐみとんしょ》も焼《や》きはらって隊士《たいし》をみな殺《ごろ》しにし、とらえられている古高俊太郎《ふるたかしゅんたろう》を奪回《だっかい》することが決《き》まった。さらに詳細《しょうさい》をつめるため、三条大橋西《さんじょうおおはしにし》の旅籠《はたご》「池田屋《いけだや》」に集結《しゅうけつ》した。

そのメンバーは宮部鼎蔵《みやべていぞう》、長州藩出身《ちょうしゅうはんしゅっしん》の吉田稔麿《よしだとしまろ》など十数人《じゅうすうにん》だった。

宮部鼎蔵《みやべていぞう》は、長州藩《ちょうしゅうはん》の吉田松陰《よしだしょういん》［1］と親《した》しかった志士《しし》で、ともに房総《ぼうそう》や東北《とうほく》を旅《たび》したほどの仲《なか》。

吉田稔麿《よしだとしまろ》は、吉田松陰《よしだしょういん》の私塾《しじゅく》、松下村塾《しょうかそんじゅく》で、高杉晋作《たかすぎしんさく》・久坂玄瑞《くさかげんずい》・入江九一《いりえくいち》とならぶ四天王《してんのう》と称《しょう》された人物《じんぶつ》だった。

池田屋《いけだや》に集《あつ》まったメンバーは、長州藩出身《ちょうしゅうはんしゅっしん》の者《もの》が多《おお》かったが、このなかにいるべき人物《じんぶつ》が、ひとりいなかった。

長州藩出身《ちょうしゅうはんしゅっしん》の桂小五郎《かつらこごろう》（のち木戸孝允《きどたかよし》）だ。

桂《かつら》は32歳《さい》。宮部《みやべ》より13歳年下《さいとしした》、吉田《よしだ》より8歳年上《さいとしうえ》だった。

桂《かつら》は、午後《ごご》8時《じ》ごろに池田屋《いけだや》に顔《かお》を出《だ》したが、まだ、だれも集《あつ》まっていなかったため、近《ちか》くの対馬藩別邸《つしまはんべってい》で時間《じかん》をつぶしていたという。

池田屋事件《いけだやじけん》

「これより、祇園界隈《ぎおんかいわい》に網《あみ》をはり、攘夷派《じょういは》の志士《しし》たちを一網打尽《いちもうだじん》にする！　ついては、隊《たい》を、近藤隊《こんどうたい》と土方隊《ひじかたたい》の2組《ふたくみ》に分《わ》ける！」

6月《がつ》5日《いつか》夜《よる》、祇園《ぎおん》に集合《しゅうごう》した新選組隊士《しんせんぐみたいし》33人《にん》を見《み》わたした近藤勇《こんどういさみ》は言《い》った。

古高俊太郎奪回《ふるたかしゅんたろうだっかい》にそなえ、留守部隊《るすぶたい》数人《すうにん》をのこし、総勢《そうぜい》34人《にん》で出《で》てきた。

［1］1830～1859年《ねん》。思想家《しそうか》、教育者《きょういくしゃ》。ペリー来航《らいこう》ののち、海外視察《かいがいしさつ》のために密航《みっこう》をこころみるが失敗《しっぱい》し、長州藩《ちょうしゅうはん》で投獄《とうごく》された。出獄《しゅつごく》してからは松下村塾《しょうかそんじゅく》を主宰《しゅさい》する。長州再征《ちょうしゅうさいせい》で活躍《かつやく》する高杉晋作《たかすぎしんさく》、日本《にっぽん》の初代総理大臣《しょだいそうりだいじん》となる伊藤博文《いとうひろぶみ》など、幕末《ばくまつ》や明治維新《めいじいしん》で活躍《かつやく》する人材《じんざい》を多《おお》く育《そだ》てた。

みな、戦闘《せんとう》にそなえて鎖帷子《くさりかたびら》の上《うえ》から羽織《はおり》をまとっている。敵《てき》と斬《き》り合《あ》いになった場合《ばあい》、ぜったいに斬《き》られてはいけないからだ。

黒谷《くろだに》の金戒光明寺《こんかいこうみょうじ》の京都守護職本陣《きょうとしゅごしょくほんじん》に手紙《てがみ》をとどけさせ、松平容保《まつだいらかたもり》に応援《おうえん》をたのんでいたのに、まだ会津藩士《あいづはんし》たちが顔《かお》を見《み》せていない。会津藩士《あいづはんし》たちを待《ま》っていたら、攘夷派《じょういは》の志士《しし》たちを捕縛《ほばく》しそこねるかもしれない。

それぞれの隊士《たいし》の数《かず》は、勇以下近藤隊《いさみいかこんどうたい》10人《にん》、歳三以下土方隊《としぞういかひじかたたい》24人《にん》とした。近藤隊《こんどうたい》には沖田総司《おきたそうじ》、永倉新八《ながくらしんぱち》、藤堂平助《とうどうへいすけ》らが、土方隊《ひじかたたい》に井上源三郎《いのうえげんざぶろう》、原田左之助《はらださのすけ》、斎藤一《さいとうはじめ》らがいた。

山南敬助《やまなみけいすけ》ら数人《すうにん》は留守部隊《るすぶたい》として壬生屯所《みぶとんしょ》にのこしていた。

2隊《たい》に分《わ》けたあとも、すこし会津藩士《あいづはんし》たちを待《ま》っていたが、しびれを切《き》らした勇《いさみ》は号令《ごうれい》をかけた。

「ええい、待《ま》ってておれん。これより、幕府《ばくふ》にたてつく攘夷派《じょういは》の連中《れんちゅう》を捕縛《ほばく》する！　行《い》くぞ！」

近藤隊《こんどうたい》は鴨川西岸《かもがわせいがん》を、土方隊《ひじかたたい》は鴨川東岸《かもがわとうがん》を、長州《ちょうしゅう》の志士《しし》たちが集《あつ》まりそうな旅籠《はたご》などを中心《ちゅうしん》に巡回《じゅんかい》していった。

いまでいうローラー作戦《さくせん》だ。

とくに、あやしそうな旅籠《はたご》などは、となりの家《いえ》の者《もの》から間取《まど》りを聞《き》くほどの入念《にゅうねん》さだった。

そして――。

夜《よる》おそく。午後《ごご》10時《じ》ごろ、近藤隊《こんどうたい》は三条大橋西《さんじょうおおばしにし》の池田屋前《いけだやまえ》にいたった。

ほかの旅籠《はたご》でもしたように、となりの家《いえ》の者《もの》から間取《まど》りを聞《き》いていた。

勇《いさみ》は、試衛館出身《しえいかんしゅっしん》の総司《そうじ》、永倉《ながくら》、藤堂《とうどう》の3人《にん》をそばにおいて、ほかの者《もの》には池田屋《いけだや》の表《おもて》と裏《うら》を見張《みは》らせた。

勇《いさみ》は、横開《よこびら》きの玄関《げんかん》を開《あ》け、土間《どま》に足《あし》をふみいれた。総司《そうじ》、永倉《ながくら》、藤堂《とうどう》らもつづいた。

「主人《しゅじん》はおるか！」

待《ま》っていると主人《しゅじん》が出《で》てきた。

「あるじの惣兵衛《そうべえ》でございます。」

「御用改《ごようあらた》めである！」

次《つぎ》の瞬間《しゅんかん》、惣兵衛《そうべえ》が玄関《げんかん》からおくのほうに向《む》かってさけんだ。

「みなさま！　旅客調《りょかくしら》べでございます！」

その声《こえ》には切迫《せっぱく》したものがあった。ほんとうに、ただの「旅客調《りょかくしら》べ」と思《おも》っているなら、そんな声《こえ》は出《だ》さない。相手《あいて》が新選組《しんせんぐみ》だから、「旅客調《りょかくしら》べ」＝「攘夷派《じょういは》の志士《しし》をとらえる」と理解《りかい》し、そのことを2階《かい》の志士《しし》たちにつたえようとしたのだ。

勇《いさみ》は、一歩前《いっぽまえ》に出《で》ると、左手《ひだりて》で腰《こし》の刀《かたな》の鞘《さや》をにぎって前《まえ》につきだした。

刀《かたな》の柄頭《つかがしら》が、惣兵衛《そうべえ》のみぞおちに入《はい》った。

惣兵衛《そうべえ》がひざからくずれおちてたおれた。気絶《きぜつ》したのだ。

「行《い》くぞ！」

勇《いさみ》がさけぶと、沖田《おきた》が言《い》った。

「近藤《こんどう》さんが死《し》に番《ばん》になってしまいます！」

勇《いさみ》が先頭《せんとう》に立《た》っているからだ。

「かまわん！」

勇《いさみ》はおくへ向《む》かい、急《きゅう》な階段《かいだん》をかけあがった。

総司《そうじ》、永倉《ながくら》、藤堂《とうどう》もつづく。

勇《いさみ》が2階《かい》にあがってすぐ、ひとつの部屋《へや》の明《あ》かりが消《き》えた。行灯《あんどん》の油《あぶら》がもえるにおいがするほうへ急《いそ》ぎ足《あし》で向《む》かった。

勇《いさみ》は、障子《しょうじ》を開《あ》けはなった。

暗《くら》い部屋《へや》には、行灯《あんどん》が消《き》えたあとの煙《けむり》がただよっていた。

車座《くるまざ》になって密談中《みつだんちゅう》だった志士《しし》たちが、刀《かたな》を手元《てもと》によせようと動《うご》いていた。

刀《かたな》をぬいた近藤《こんどう》は言《い》った。

「はむかう者《もの》は容赦《ようしゃ》なく斬《き》りすてる！」

志士《しし》15人《にん》あまりが、いっせいに立《た》ちあがった。

畳《たたみ》においてあった膳《ぜん》、その上《うえ》の銚子《ちょうし》や猪口《ちょこ》などが散《ち》らばる。

腰《こし》の脇差《わきざし》をぬいた者《もの》が体《からだ》ごとぶつかってくる。勇《いさみ》はその者《もの》の腕《うで》をつかんで、けった。

窓《まど》から1階《かい》の中庭《なかにわ》にとびおりようとしている者《もの》、屋根《やね》ににげようとしている者《もの》もいる。

斬《き》り合《あ》いになった。

だが、不意《ふい》をつかれた敵《てき》と、鎖帷子《くさりかたびら》を着《き》こんだうえ、はなから抜刀《ばっとう》している新選組《しんせんぐみ》隊士《たいし》とでは歴然《れきぜん》の差《さ》があった。

「きぇーい！」

総司《そうじ》の声《こえ》がする。そのほうを見《み》ると、三段突《さんだんづ》きがみごとに決《き》まっていた。

せまい室内《しつない》では斬《き》りおろすより、突《つ》くほうがいい。刀《かたな》をふりおろすときに、天井《てんじょう》や鴨居《かもい》などにひっかかったりせずにすむからだ。

まして総司《そうじ》のように動《うご》きが速《はや》いほど、室内《しつない》での戦闘《せんとう》に有利《ゆうり》だった。

志士《しし》たちが1階《かい》へにげていく。

「待《ま》てぃ！」

勇《いさみ》は、永倉《ながくら》、藤堂《とうどう》とともに追《お》った。視界《しかい》から総司《そうじ》が消《き》えていたことに気《き》づいたが、探《さが》すひまはなかった。

階段《かいだん》をかけおりるや、目《め》の前《まえ》に切《き》っ先《さき》がせまってきた。

勇《いさみ》の着《き》た鎖帷子《くさりかたびら》の胸部《きょうぶ》に、敵《てき》の切《き》っ先《さき》がふれて金属音《きんぞくおん》がした。

勇《いさみ》は、刀《かたな》を小《ちい》さくふるった。刀《かたな》をにぎった敵《てき》の手首《てくび》を左手《ひだりて》でにぎったまま、右手《みぎて》で喉《のど》を突《つ》いた。

「ぐえっ。」

中庭《なかにわ》や屋根《やね》ににげた者《もの》は、見張《みは》りの新選組隊士《しんせんぐみたいし》が追《お》いかけた。

そこへ――。

――「近藤《こんどう》さん！　どこです！」

歳三《としぞう》の声《こえ》が入《い》り口《ぐち》のほうから聞《き》こえてきた。

勇《いさみ》は、隊士《たいし》たちに号令《ごうれい》をかけた。

「土方隊《ひじかたたい》が来《き》たぞ！　みなの者《もの》！　生《い》けどりにせよ！」

隊士《たいし》たちの人数《にんずう》がふえたため、情報《じょうほう》を聞《き》きだすためにも生《い》けどりにする必要《ひつよう》があったのだ。

そのうち会津藩士《あいづはんし》たちも到着《とうちゃく》し、池田屋周辺《いけだやしゅうへん》は騒然《そうぜん》とした雰囲気《ふんいき》となった。

斬《き》り合《あ》いの結果《けっか》、宮部鼎蔵《みやべていぞう》は傷《きず》を負《お》いながらにげまどい、階段下《かいだんした》で切腹《せっぷく》してはてた。

吉田稔麿《よしだとしまろ》は傷《きず》を負《お》いながら逃走《とうそう》し、長州藩邸《ちょうしゅうはんてい》に急《きゅう》を知《し》らせて引《ひ》きかえしたところで斬《き》られたとも自害《じがい》したともいわれていて、はっきりしたことはわかっていない。ただ命《いのち》を落《お》としたことだけはたしかだ。

激闘《げきとう》のさなか、勇《いさみ》の見《み》ていないところで、ある悲劇《ひげき》が起《お》きていた。

ひとり、ふたり、と敵《てき》を斬《き》りたおし、次《つぎ》の敵《てき》と対峙《たいじ》しようとしていた総司《そうじ》は、いきなりせきをし、腰《こし》を折《お》った。

「ごほごほっ……ごほごほっ……。」

総司《そうじ》は、刀《かたな》をにぎっていないほうの左手《ひだりて》で口《くち》をおさえた。

「ぐえっ。」

そのてのひらには鮮血《せんけつ》が……。

肺《はい》に病《やまい》をかかえていた総司《そうじ》は喀血《かっけつ》した[2]。

かつて肺《はい》の病《やまい》（結核《けっかく》）は特効薬《とっこうやく》がなく、一度《いちど》かかってしまったらなおらない不治《ふじ》の病《やまい》として、おそれられていた。

ひざをついても、そのままたおれないでいる総司《そうじ》は、おびえた顔《かお》つきになっている敵《てき》に斬《き》りかかっていった。

「さあ、帰《かえ》るぞ。」

近藤勇《こんどういさみ》が隊士《たいし》たちに号令《ごうれい》をかけたのは、市中《しちゅう》へにげた者《もの》たちを、会津藩士《あいづはんし》たちとともに追《お》った翌朝《よくあさ》のことだった。

ふりかえると、隊士《たいし》たちの着《き》ているダンダラ染《ぞ》めの羽織《はおり》は血《ち》でそまっていた。池田屋《いけだや》での2時間《じかん》あまりの激闘《げきとう》が、新選組隊士《しんせんぐみたいし》たちを無傷《むきず》ですませたはずがなかった。

勇《いさみ》は、敵《てき》の切《き》っ先《さき》がかすめたせいだろう、着《き》ているものがえりから胸《むね》にかけてぼろぼろになっている永倉新八《ながくらしんぱち》に声《こえ》をかけた。

左手《ひだりて》をぐるぐる巻《ま》きにした手《て》ぬぐいがまっ赤《か》にそまっている。

右手《みぎて》には、曲《ま》がってしまって鞘《さや》におさめられない刀《かたな》をさげている。

「左手《ひだりて》、どうした。」

「親指《おやゆび》のつけ根《ね》の肉《にく》がえぐられてますが、だいじょうぶです。おれより、藤堂《とうどう》を心配《しんぱい》

[2] 現場《げんば》にいた永倉《ながくら》はのちに、沖田《おきた》は「持病《じびょう》の肺患《はいかん》が再発《さいはつ》してうちたおれた。」と語《かた》っている。このとき沖田《おきた》が喀血《かっけつ》したかどうかまではっきりしていないが、喀血《かっけつ》したことが通説《つうせつ》になっている。

してやってください。」

永倉《ながくら》がふりかえる。

隊士《たいし》たちのなかでも若手《わかて》の藤堂平助《とうどうへいすけ》は戸板《といた》にのせられており、頭《あたま》には手《て》ぬぐいがぐるぐる巻《ま》きにされている。額《ひたい》を横《よこ》に深《ふか》くなで切《ぎ》りにされたらしい。

「藤堂《とうどう》、だいじょうぶか。」

戸板《といた》の上《うえ》の藤堂《とうどう》は、うっすら目《め》を開《あ》け、すこしわらった。

つきそって歩《ある》いている総司《そうじ》は顔《かお》がまっ青《さお》だった。

「総司《そうじ》、平気《へいき》か。」

勇《いさみ》が聞《き》くと、総司《そうじ》はしっかりとうなずいた。総司《そうじ》は喀血《かっけつ》してたおれたらしいのだが、藤堂《とうどう》のように戸板《といた》にのせられるようなことはなかった。顔色《かおいろ》こそ悪《わる》かったが、ちゃんと歩《ある》いて壬生屯所《みぶとんしょ》にもどった。

池田屋《いけだや》のある三条《さんじょう》から壬生《みぶ》までの道《みち》すがら、往来《おうらい》の人《ひと》びとは遠巻《とおま》きにするように新《しん》選組《せんぐみ》の隊士《たいし》たちのことを見送《みおく》っていた。

この池田屋事件《いけだやじけん》で、関係者《かんけいしゃ》の多《おお》くを亡《な》くした長州藩《ちょうしゅうはん》は、あせり、おこった。そして、久坂玄瑞《くさかげんずい》、久留米藩《くるめはん》（福岡県久留米市《ふくおかけんくるめし》）出身《しゅっしん》の真木和泉《まきいずみ》らが藩兵《はんぺい》をひきいてぞくぞく上洛《じょうらく》。事件《じけん》から1か月半後《げつはんご》、禁門《きんもん》の変《へん》を起《お》こすことになる。

勇《いさみ》たちがあげた池田屋《いけだや》での功績《こうせき》が、歴史《れきし》の動《うご》きを加速《かそく》させたのだった。

3 幕臣《ばくしん》への道《みち》

禁門《きんもん》の変《へん》

「長州藩《ちょうしゅうはん》が池田屋《いけだや》の復讐《ふくしゅう》にやってくる！」

近藤勇《こんどういさみ》は、壬生屯所《みぶとんしょ》で隊士《たいし》たちに言《い》った。

元治《げんじ》1（1864）年《ねん》7月《がつ》18日夜《にちよる》のことだ。

前年《ぜんねん》の八月十八日《はちがつじゅうはちにち》の政変《せいへん》で7人《にん》の公卿《くぎょう》とともに京都《きょうと》から追放《ついほう》されていた長州藩《ちょうしゅうはん》が、帝《みかど》を長州《ちょうしゅう》に連《つ》れさろうと計画《けいかく》を立《た》てていたところ、新選組《しんせんぐみ》の活躍《かつやく》で失敗《しっぱい》。

ついに「窮鼠猫《きゅうそねこ》をかむ」かのごとく、武力《ぶりょく》をもってもとの地位《ちい》をとりもどしにきたのだ。

長州藩《ちょうしゅうはん》は、京都守護職松平容保《きょうとしゅごしょくまつだいらかたもり》が藩主《はんしゅ》をつとめる会津藩《あいづはん》（新選組《しんせんぐみ》をふくむ）を討《う》つ

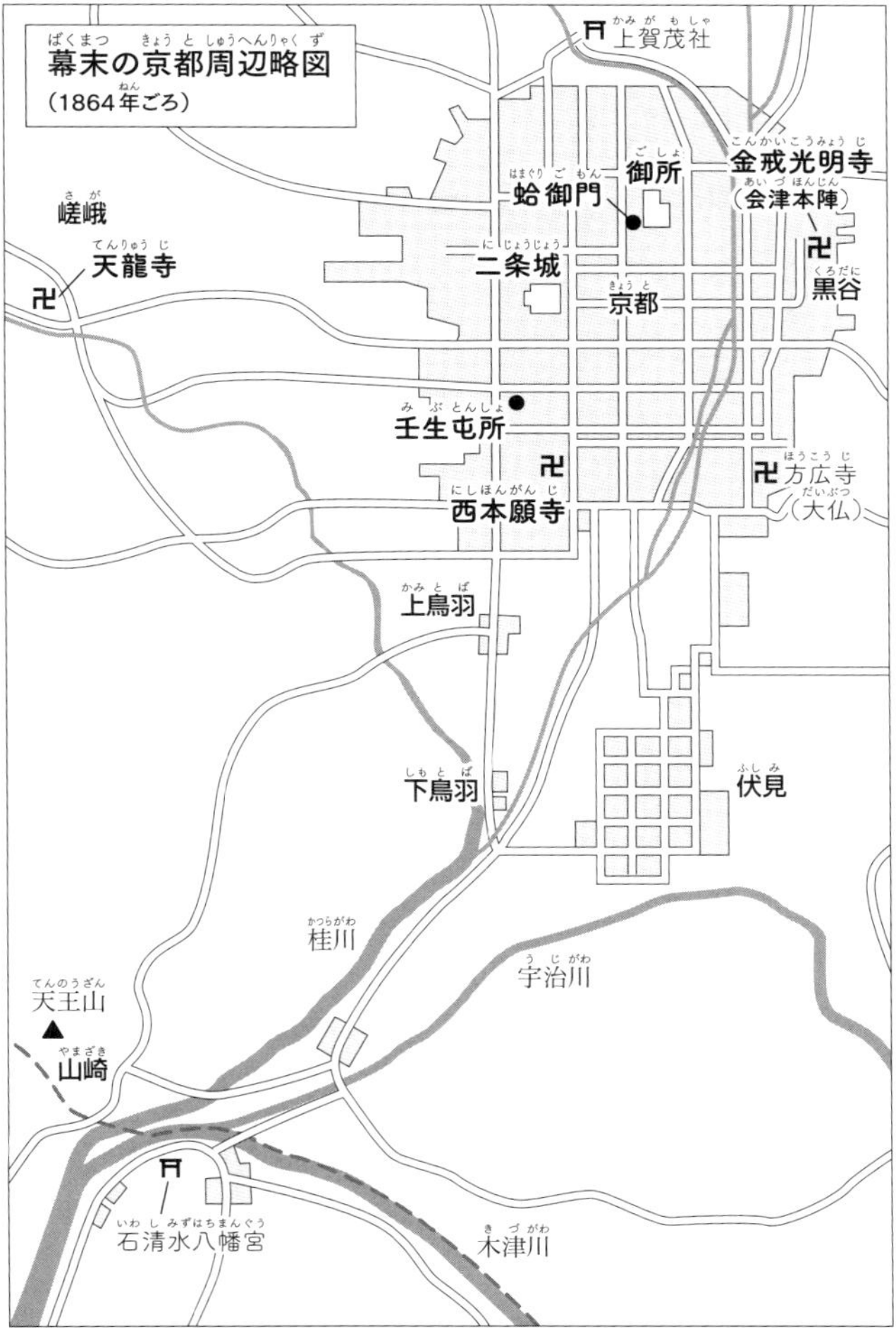
幕末《ばくまつ》の京都周辺略図《きょうとしゅうへんりゃくず》
（1864年《ねん》ごろ）
上賀茂社《かみがもしゃ》
御所《ごしょ》
蛤御門《はまぐりごもん》
金戒光明寺《こんかいこうみょうじ》
（会津本陣《あいづほんじん》）
嵯峨《さが》
天龍寺《てんりゅうじ》
二条城《にじょうじょう》
京都《きょうと》
黒谷《くろだに》
壬生屯所《みぶとんしょ》
方広寺《ほうこうじ》
（大仏《だいぶつ》）
西本願寺《にしほんがんじ》
上鳥羽《かみとば》
下鳥羽《しもとば》
伏見《ふしみ》
桂川《かつらがわ》
宇治川《うじがわ》
天王山《てんのうざん》
山崎《やまざき》
石清水八幡宮《いわしみずはちまんぐう》
木津川《きづがわ》

ため、今日《きょう》までには、山崎村《やまざきむら》の天王山《てんのうざん》、伏見《ふしみ》、嵯峨《さが》の天龍寺《てんりゅうじ》から京都《きょうと》に兵《へい》を進《すす》めた。

勇《いさみ》は、つづけて言《い》った。

「幕府《ばくふ》にはむかう者《もの》はどんな理由《りゆう》があるにせよ、ゆるすわけにはいかん!」

隊士《たいし》たちの先頭《せんとう》にいる土方歳三《ひじかたとしぞう》も、はきすてるように言《い》った。

「市中見《しちゅうみ》まわりどころではない! 長州藩《ちょうしゅうはん》とたたかって、新選組《しんせんぐみ》の名《な》をあげようではないか。」

沖田総司《おきたそうじ》も、うなずきながら、腰《こし》の鞘《さや》をにぎりしめている。

勇《いさみ》は、号令《ごうれい》をかけた。

「容保公《かたもりこう》の命令《めいれい》により、これより伏見《ふしみ》に向《む》かう。」

壬生屯所《みぶとんしょ》を出動《しゅつどう》すると、往来《おうらい》の人《ひと》びとが隊士《たいし》たちを見送《みおく》ってくれた。

京都弁《きょうとべん》が聞《き》こえてくる。

——「あれが新選組《しんせんぐみ》ですか。」

——「浅葱色《あさぎいろ》のダンダラ染《ぞ》めの羽織《はおり》やから、すぐにわかりますなあ。」

——「池田屋事件《いけだやじけん》で活躍《かつやく》しはったそうですなあ。」
歩《ある》いている総司《そうじ》が、前《まえ》を歩《ある》く歳三《としぞう》と勇《いさみ》に聞《き》こえるように言《い》う。
「おれたち人気《にんき》ですよ。」
すぐに歳三《としぞう》がしかりつける。
「調子《ちょうし》にのるな。」
さらに町《まち》の声《こえ》が聞《き》こえてくる。
——「長州《ちょうしゅう》の連中《れんちゅう》を斬《き》りまくったそうやないですか。」
——「長州《ちょうしゅう》も落《お》ち目《め》ですな。」
勇《いさみ》を先頭《せんとう》に歩《あゆ》みを進《すす》めていると、母親《ははおや》が娘《むすめ》に言《い》う声《こえ》が聞《き》こえてきた。
——「なにやってるんや！　新選組《しんせんぐみ》が来《く》るさかい、早《はよ》う、家《いえ》に入《はい》らな！」
まだ5歳《さい》くらいの女《おんな》の子《こ》の手《て》を引《ひ》いて、母親《ははおや》が町家《まちや》の中《なか》に入《はい》っていくのが見《み》えた。
ほかの人《ひと》の声《こえ》が追《お》いかけてくる。
——「なんのかのいうても、人斬《ひとき》り集団《しゅうだん》ですやろ。」

6月5日夜《がついつかよる》の池田屋事件《いけだやじけん》での新選組《しんせんぐみ》の活躍《かつやく》は、わずかなあいだで京都《きょうと》じゅうに知《し》れわたった。

池田屋事件《いけだやじけん》のあるなしにかかわらず、新選組《しんせんぐみ》を忌《い》みきらってこわがっている京都《きょうと》の人《ひと》は多《おお》かったが、称賛《しょうさん》する者《もの》もまた、たしかにふえはじめていた。

隊列《たいれつ》を組《く》んで進《すす》んだ新選組隊士《しんせんぐみたいし》たちは、伏見《ふしみ》で大垣藩《おおがきはん》（岐阜県大垣市《ぎふけんおおがきし》）兵《ぺい》と合流《ごうりゅう》した。

勇《いさみ》は、号令《ごうれい》をかけた。

「われらは幕府軍《ばくふぐん》。長州藩《ちょうしゅうはん》は幕府《ばくふ》にはむかう反乱軍《はんらんぐん》だ！　一揆《いっき》と等《ひと》しい！　堂々《どうどう》とたたかえ！　いくさのあとは、伏見稲荷神社《ふしみいなりじんじゃ》の境内《けいだい》に集合《しゅうごう》！」

家老福原越後《かろうふくはらえちご》がひきいる長州藩兵《ちょうしゅうはんぺい》の一部《いちぶ》300人《にん》あまりと刃《やいば》を交《まじ》え、これをやぶった。

伏見稲荷神社《ふしみいなりじんじゃ》の境内《けいだい》には会津藩兵《あいづはんぺい》たちもいた。

会津藩《あいづはん》の下部組織《かぶそしき》にあたる新選組《しんせんぐみ》は、藩士《はんし》たちからはなれたところにいた。

そのとき――。

ドーン！

はるか遠《とお》く北《きた》の方角《ほうがく》から、大砲《たいほう》の音《おと》が聞《き》こえてきた。

「なんだ、なんだ！」

池田屋《いけだや》で負《お》った傷《きず》のため左手《ひだりて》に包帯《ほうたい》をまいている永倉新八《ながくらしんぱち》につづいて、原田左之助《はらださのすけ》が動《うご》いた。

あたりを見《み》まわしてから、近所《きんじょ》の民家《みんか》の庭《にわ》にとびこむや、立《た》てかけてあったはしごをつかんだ。

後《うし》ろから走《はし》っていったいちばん年長《ねんちょう》の井上源三郎《いのうえげんざぶろう》がふたりをしかりつける。

「ちゃんと、あるじにことわりを入《い》れろ。」

「でも夜中《よなか》ですからね。――あるじ！　はしご、かりるぞ！」

だれにともなく言《い》うなり、永倉《ながくら》は原田《はらだ》といっしょにはしごをのぼり、民家《みんか》の屋根《やね》にあがり、北《きた》のほうをながめはじめた。

あとを追《お》うように、沖田総司《おきたそうじ》が走《はし》っていって、ふたりのほうを見上《みあ》げながら聞《き》く。

「なにか見《み》えますか！」

「暗《くら》くて、よくわからん！　だが、大砲《たいほう》の音《おと》が聞《き》こえてくるのは、ありゃ、御所《ごしょ》のほうじゃねえか。」

総司《そうじ》といっしょに見上《みあ》げていた歳三《としぞう》が、床几《しょうぎ》に腰《こし》かけた勇《いさみ》のもとに走《はし》ってきた。

「長州藩《ちょうしゅうはん》のやつら、とんでもないことを！　帝《みかど》に向《む》かって攻撃《こうげき》をしかけるなど！」

「うむ。長州《ちょうしゅう》め！　日本人《にほんじん》ならば尊王《そんのう》であるべき。帝《みかど》のおられる御所《ごしょ》に銃口《じゅうこう》を向《む》けるなど、ゆるせぬ！」

「御所《ごしょ》に向《む》かいましょう。」

「容保《かたもり》さまから命令《めいれい》がない以上《いじょう》、動《うご》けぬ……。」

「そんな悠長《ゆうちょう》なことを言《い》っている場合《ばあい》ですか。」

「勝手《かって》には動《うご》けん。容保《かたもり》さまの命令《めいれい》は、お上《かみ》の命令《めいれい》に等《ひと》しい。」

勇《いさみ》は、おしだまった歳三《としぞう》に小声《こごえ》で言《い》った。

「われわれは幕臣《ばくしん》にならなければならないのだから、お上《かみ》の命令《めいれい》は絶対《ぜったい》なのだ。」

民家《みんか》の屋根《やね》からおりてきた永倉《ながくら》と原田《はらだ》が走《はし》ってくる。

「いますぐ御所《ごしょ》へ！」

歳三《としぞう》がさえぎる。

「ダメだ。会津藩《あいづはん》の命令《めいれい》を待《ま》て。それが近藤《こんどう》さんのご意見《いけん》だ。」

不満《ふまん》そうな顔《かお》になっている永倉《ながくら》と原田《はらだ》のほうを見《み》ながら、総司《そうじ》が、池田屋《いけだや》での傷《きず》のせいで額《ひたい》に包帯《ほうたい》を巻《ま》いたままの藤堂平助《とうどうへいすけ》に言《い》った。

「土方《ひじかた》さん、隊士《たいし》にきらわれても近藤《こんどう》さんの盾《たて》になろうとしてるんだな……。」

「近藤《こんどう》さんもりっぱだけど、土方《ひじかた》さんもさすがだよ。」

「だな。」

そのとき会津藩《あいづはん》から使《つか》いがやってきた。

「御所《ごしょ》の幕府軍《ばくふぐん》が危険《きけん》にひんしているゆえ、すぐ御所《ごしょ》に向《む》かえ！」

勇《いさみ》は床几《しょうぎ》から立《た》ちあがった。

「行《い》くぞ！」

「おーっ！」

歳三《としぞう》も、総司《そうじ》も、原田《はらだ》も、まだ傷《きず》が癒《い》えていない永倉《ながくら》も藤堂《とうどう》も、ほかの隊士《たいし》たちも元気《げんき》がいい。

勇《いさみ》たちは、伏見《ふしみ》を発《た》った。


だが……。

勇《いさみ》ら新選組隊士《しんせんぐみたいし》が御所《ごしょ》にかけつけたときには、すでに戦闘《せんとう》は終《お》わりかけていた。

「くそっ！　会津藩《あいづはん》からの命令《めいれい》がもうすこしでも早《はや》ければ。」

だが勝手《かって》に動《うご》けなかった以上《いじょう》、しかたのないことだった。

新選組《しんせんぐみ》が到着《とうちゃく》するまえ、御所《ごしょ》の蛤御門《はまぐりごもん》などでは、長州藩兵《ちょうしゅうはんぺい》が、会津《あいづ》、桑名《くわな》（三重県《みえけん》桑名市《くわなし》）、薩摩《さつま》などの諸藩兵《しょはんぺい》と戦闘《せんとう》をして敗走《はいそう》。

来島又兵衛《きじままたべえ》が蛤御門《はまぐりごもん》で討《う》ち死《じ》に。さらに久坂玄瑞《くさかげんずい》が堺町御門内《さかいまちごもんない》の鷹司《たかつかさ》［1］邸内《ていない》で自刃《じじん》してはてていた。

勇《いさみ》が地団駄《じだんだ》をふんでいるところへ、また会津藩《あいづはん》から命令《めいれい》がくだり、天王山《てんのうざん》ににげこんだ長州藩兵《ちょうしゅうはんぺい》らを追《お》うことになり、伏見《ふしみ》に泊《と》まった。

翌《よく》21日《にち》、伏見《ふしみ》から天王山《てんのうざん》に出動《しゅつどう》した新選組《しんせんぐみ》は二手《ふたて》に分《わ》かれた。

勇《いさみ》は、永倉新八《ながくらしんぱち》、井上源三郎《いのうえげんざぶろう》らを引《ひ》きつれて天王山《てんのうざん》にせめのぼった。

歳三《としぞう》は、沖田総司《おきたそうじ》、藤堂平助《とうどうへいすけ》らとともに待機《たいき》。山麓《さんろく》の八幡社《はちまんしゃ》、武器倉庫《ぶきそうこ》などを焼《や》きはらった。

「登《のぼ》るぞ。」

天王山《てんのうざん》は高《たか》い山《やま》ではないが、そこそこ険《けわ》しい山《やま》だ。山道《やまみち》は足《あし》もとが小石《こいし》などでごろごろしている。草鞋《わらじ》の底《そこ》がうすいため、足裏《あしうら》がいたんだ。

結果《けっか》、天王山《てんのうざん》にこもっていた真木和泉《まきいずみ》らは、新選組隊士《しんせんぐみたいし》らに追《お》いつめられ、自刃《じじん》してはてた。

いくさのあと、勇《いさみ》は隊士《たいし》らに言《い》った。

「幕府《ばくふ》にはむかうから、このような目《め》にあうのだ。これで長州藩《ちょうしゅうはん》だけでなく、ほかの藩《はん》もさからわなくなるだろう。」

隊士《たいし》たちの先頭《せんとう》に立《た》っている歳三《としぞう》が言《い》う。

「これで、また新選組《しんせんぐみ》は名《な》をあげた。」

「そういうことだ。――みな、ご苦労《くろう》だった。明日《あす》からは大坂方面《おおざかほうめん》で残党狩《ざんとうが》りをする！」

禁門《きんもん》の変《へん》で御所《ごしょ》に銃口《じゅうこう》を向《む》けたことで、長州藩《ちょうしゅうはん》は「朝敵《ちょうてき》」となり、幕府《ばくふ》による「長州征伐《ちょうしゅうせいばつ》」が行《おこな》われることになった。

そうなれば会津藩《あいづはん》にも出陣要請《しゅつじんようせい》が出《で》て、容保《かたもり》から新選組《しんせんぐみ》に出動命令《しゅつどうめいれい》がくだることが

［1］鎌倉時代以降《かまくらじだいいこう》、天皇《てんのう》にかわって政治《せいじ》を行《おこな》うことができる、五摂家《ごせっけ》とよばれる5つの家柄《いえがら》のひとつ。

予想《よそう》された。

元治《げんじ》1（1864）年《ねん》9月5日《がつ いつか》、勇《いさみ》は、永倉新八《ながくらしんぱち》ら数人《すうにん》を引《ひ》きつれて江戸《えど》にくだった。新《あら》たに隊士《たいし》を募集《ぼしゅう》するためだ。

上洛《じょうらく》してからも隊士《たいし》を募《つの》ったが、やはり勇《いさみ》らにとっては、昔《むかし》から「強《つよ》い」と評判《ひょうばん》の東武士《あずまぶし》（関東《かんとう》の武士《ぶし》）を多《おお》く集《あつ》めたい希望《きぼう》があった。

じつは一歩先立《いっぽさきだ》って、池田屋事件《いけだやじけん》で負傷《ふしょう》していた藤堂平助《とうどうへいすけ》を江戸《えど》にくだらせ、隊士《たいし》募集《ぼしゅう》をかけさせていた。

いざとなっても刀《かたな》をぬく場所《ばしょ》につれていけないため、ほかの任務《にんむ》をあたえたのだろう。なんなら実家《じっか》にもどってもいいと、言《い》いふくめていたのかもしれない。

江戸《えど》にくだった勇《いさみ》は、いのいちばんに市谷《いちがや》の試衛館《しえいかん》に入《はい》った。

待《ま》っていた藤堂平助《とうどうへいすけ》は、ひとりの男《おとこ》を紹介《しょうかい》してきた。

「拙者《せっしゃ》、伊東甲子太郎《いとうかしたろう》と申《もう》す。」

伊東《いとう》は、常陸《ひたち》の国《くに》（茨城県《いばらきけん》）出身《しゅっしん》。もともと鈴木姓《すずきせい》だったが、北辰一刀流《ほくしんいっとうりゅう》の道場《どうじょう》を開《ひら》いていた伊東家《いとうけ》の養子《ようし》となり、また水戸藩《みとはん》ではぐくまれた水戸学《みとがく》という学問《がくもん》にも通《つう》じた文武両道《ぶんぶりょうどう》の男《おとこ》だった。

その伊東《いとう》が聞《き》いてきた。

「近藤殿《こんどうどの》、新選組《しんせんぐみ》は、まことに帝《みかど》に忠義《ちゅうぎ》をつくす集団《しゅうだん》でありましょうな？」

「いかにも。われらが仕《つか》える松平容保《まつだいらかたもり》さまは、帝《みかど》から陣羽織《じんばおり》を拝領《はいりょう》されたお方《かた》。なにより、先《さき》の禁門《きんもん》の変《へん》でも、われらは幕府軍《ばくふぐん》の先頭《せんとう》に立《た》って、幕府《ばくふ》にはむかった、いや、御所《ごしょ》に銃口《じゅうこう》を向《む》けた朝敵《ちょうてき》の長州軍《ちょうしゅうぐん》と堂々《どうどう》とたたかい、やぶりました。」

伊東《いとう》が満足《まんぞく》げにうなずいた。

「よろしいでしょう。でしたら、拙者《せっしゃ》だけでなく、弟《おとうと》の三木三郎《みきさぶろう》、拙者《せっしゃ》の友人《ゆうじん》、知人《ちじん》らも合《あ》わせ計《けい》6人《にん》を推薦《すいせん》いたします。」

「それはありがたい。」

勇《いさみ》は、出身地《しゅっしんち》の多摩地方《たまちほう》でも隊士募集《たいしぼしゅう》をかけたが、伊東甲子太郎一派《いとうかしたろういっぱ》をふくめても22人《にん》しか集《あつ》まらなかった。長州征伐《ちょうしゅうせいばつ》をひかえていたから、いくさに出《で》たくない者《もの》が多《おお》かったのだ。

勇《いさみ》らが江戸《えど》にくだっているあいだ、京都《きょうと》でも隊士《たいし》を募集《ぼしゅう》しており、新選組隊士《しんせんぐみたいし》の数《かず》はふえていた。

長州征伐《ちょうしゅうせいばつ》にそなえて準備《じゅんび》をした新選組《しんせんぐみ》だったが、いくさはなくなった。

長州藩《ちょうしゅうはん》が、禁門《きんもん》の変《へん》を起《お》こした責任《せきにん》をとらせて、家老数人《かろうすうにん》を切腹《せっぷく》させ、幕府《ばくふ》にわびを入《い》れたのだ。

山南敬助脱走《やまなみけいすけだっそう》

「近藤《こんどう》さん、ちょっとよろしいですか。」

障子《しょうじ》の向《む》こうから、山南敬助《やまなみけいすけ》の声《こえ》が聞《き》こえてきた。

長州征伐《ちょうしゅうせいばつ》もなくなり、京都《きょうと》もすこし平穏《へいおん》をとりもどした元治《げんじ》２（１８６５）年《ねん》２月《がつ》のことだった。

火鉢《ひばち》で暖《だん》をとっていた勇《いさみ》は返事《へんじ》をした。

「入《はい》れ。」

障子《しょうじ》が開《ひら》き、山南《やまなみ》が入《はい》ってきて、向《む》きあった。

山南《やまなみ》は、もとは仙台藩士《せんだいはんし》の子《こ》。小野派一刀流《おのはいっとうりゅう》、北辰一刀流《ほくしんいっとうりゅう》、天然理心流《てんねんりしんりゅう》の使《つか》い手《て》で、柔術《じゅうじゅつ》にも長《た》けている。

いまは、副長土方歳三《ふくちょうひじかたとしぞう》のすぐ下《した》の総長《そうちょう》のポストについていた。熱《あつ》くなりやすい歳三《としぞう》とちがって、冷静《れいせい》な男《おとこ》だから、新選組《しんせんぐみ》には必要《ひつよう》な存在《そんざい》だ。

ただ池田屋事件《いけだやじけん》のとき、壬生屯所《みぶとんしょ》を守《まも》っていたこと、さらに同《おな》じ学問肌《がくもんはだ》の伊東甲子太郎《いとうかしたろう》が入《はい》り、山南《やまなみ》より高《たか》い参謀《さんぼう》の地位《ちい》についたこともあって、最近《さいきん》は、ますます影《かげ》がうすくなっている。

色白《いろじろ》で小太《こぶと》り。やさしさをたたえた丸顔《まるがお》だ。見《み》るからにこわい勇《いさみ》、冷徹《れいてつ》そうな歳三《としぞう》とちがい、隊士《たいし》たちからのうけがいい。

ただ、すこしばかり、なにを考《かんが》えているかわからないところがある。

「なんだ。」

「屯所移転《とんしょいてん》の件《けん》です。」

新選組《しんせんぐみ》は、隊士《たいし》がふえたことで壬生屯所《みぶとんしょ》が手狭《てぜま》になったため、西本願寺本堂北《にしほんがんじほんどうきた》にある集会所《しゅうかいじょ》をかりうけることになったのだ。

近年《きんねん》、西本願寺《にしほんがんじ》のなかに長州《ちょうしゅう》の志士《しし》に味方《みかた》する者《もの》も出現《しゅつげん》したため、それをふせぐ目的《もくてき》もあった。

「移転《いてん》がどうかしたか。」

「西本願寺《にしほんがんじ》を偵察《ていさつ》するために引《ひ》っこすというのは、いかがなものでしょう。卑劣《ひれつ》な行為《こうい》だとは思《おも》われませんか。」

「そう思《おも》っていないから引《ひ》っこすのだ。一石二鳥《いっせきにちょう》と思《おも》ってほしい。」

勇《いさみ》は、山南《やまなみ》の目《め》をまっすぐに見《み》て、言《い》った。

「わたしに対《たい》し、ほんとうに言《い》いたいのは屯所移転《とんしょいてん》の件《けん》ではなかろう。」

山南《やまなみ》の目《め》がかすかに泳《およ》いだ。

山南《やまなみ》は、一瞬《いっしゅん》だまってから口《くち》を開《ひら》いた。

「よくおわかりで。」

「いつからつきあっていると思《おも》っている。」

「そうでした。」

「なんだ。言《い》え。」

「近藤《こんどう》さんにおたずねしたいことが、3つ、あります。」

「うむ。聞《き》こう。」

「まずは新選組《しんせんぐみ》の立《た》ち位置《いち》です。このところ、新選組《しんせんぐみ》は幕府《ばくふ》の使《つか》い走《ばし》り、会津藩《あいづはん》の使《つか》い走《ばし》りばかり。」

「なにっ……。」

「たとえば芹沢《せりざわ》さんを処分《しょぶん》したとき、禁門《きんもん》の変《へん》のとき、すぐ御所《ごしょ》に向《む》かえなかったとき、です。もっと独立《どくりつ》した集団《しゅうだん》であるべきです。使《つか》い走《ばし》りをするために京都《きょうと》に来《き》たのではありません。」

「われらは、会津藩《あいづはん》なしでは、幕府《ばくふ》なしでは存在《そんざい》しない。みな、幕臣《ばくしん》になりたいのだ。主君《しゅくん》に忠義《ちゅうぎ》をつくして、武士《ぶし》として出世《しゅっせ》したいのだ。」

「さようですか。」

「ふたつめは、なんだ。」

「隊《たい》を大《おお》きくしすぎです。」

「長州征伐《ちょうしゅうせいばつ》があると思《おも》っていたからな。」

「近藤《こんどう》さんが江戸《えど》からつれてきた伊東甲子太郎《いとうかしたろう》たちを見《み》ていると、かつての芹沢《せりざわ》さんたちを思《おも》いだします。いまのままでは、まとまっていたものも、まとまらなくなってしまいます。そのうち血《ち》の雨《あめ》がふるようなことにならなければよいのですが。」

「伊東《いとう》をつれてきたのは、わたしの責任《せきにん》だ。だが、まだようすを見《み》てはくれぬか。

――して、3つめはなんだ。」

山南《やまなみ》が口《くち》を開《ひら》きかけたとき、「失敬《しっけい》。」という声《こえ》とともに障子《しょうじ》が開《ひら》き、歳三《としぞう》が入《はい》ってきた。

「山南《やまなみ》！　副長《ふくちょう》のおれをとびこえて、近藤《こんどう》さんに直訴《じきそ》するとは、なにごとだ！」

山南《やまなみ》が、冷静《れいせい》な口調《くちょう》で言《い》う。

「近藤《こんどう》さん、これこそ3つめです。土方《ひじかた》さんの存在《そんざい》です。土方《ひじかた》さんが『局中法度書《きょくちゅうはっとがき》』を発案《はつあん》してからというもの、隊士《たいし》たちは『いつ切腹《せっぷく》させられるか。』とピリピリしっぱなしです。」

それは、勇《いさみ》も感《かん》じていたことだ。

山南《やまなみ》がつづける。

「『局中法度書《きょくちゅうはっとがき》』が発表《はっぴょう》されるまでは、こんなではなかった。みんな、もっと楽《たの》しそうにしていました。笑顔《えがお》でいる者《もの》が多《おお》かった。それが、いまはどうです。」

山南《やまなみ》が歳三《としぞう》を指《ゆび》さす。

「この九尾《きゅうび》の狐《きつね》［2］のせいで、隊士《たいし》たちから笑顔《えがお》が消《き》えました。」

ずっとだまっていた歳三《としぞう》が、すわっている山南《やまなみ》の胸《むな》ぐらをつかんで立《た》たせた。

「われわれは本物《ほんもの》の武士《ぶし》になるのだ！　そのためにも、みずからをきびしく律《りっ》さなければならないのだ！」

そこに井上源三郎《いのうえげんざぶろう》がとびこんできて、ふたりのあいだにわってはいった。

「まあまあ。ふたりとも、やめなさい。『局中法度書《きょくちゅうはっとがき》』はきびしいかもしれない。だが隊士《たいし》たちから笑顔《えがお》をうばったのもまた、われわれ試衛館時代《しえいかんじだい》からの隊士《たいし》ではないか。われわれが、もっと、隊士《たいし》たちのことを考《かんが》えてやらねば……。」

歳三《としぞう》の興奮《こうふん》と、山南《やまなみ》の興奮《こうふん》が、すこしずつ鎮《しず》まってきた。

まず歳三《としぞう》が舌打《したう》ちをして部屋《へや》を出《で》ていくと、くちびるをかみしめていた山南《やまなみ》も一礼《いちれい》して出《で》ていった。

「やれやれ。」

ため息《いき》をついて部屋《へや》から出《で》ようとする井上《いのうえ》に、勇《いさみ》は声《こえ》をかけた。

「さすがは、源《げん》さん。」

「いや。めっそうも。」

数日後《すうじつご》の2月《がつ》22日《にち》のこと。

あの日《ひ》と同《おな》じように、勇《いさみ》が火鉢《ひばち》にあたっている部屋《へや》に土方歳三《ひじかたとしぞう》がとびこんできた。

「近藤《こんどう》さん、たいへんだ。」

「なにがあった。」

「山南《やまなみ》が消《き》えた。」

「消《き》えた……!?」

「脱走《だっそう》した。」

「脱走《だっそう》、だと……!」

勇《いさみ》の脳裏《のうり》に、歳三《としぞう》がつくった「局中法度書《きょくちゅうはっとがき》」の一節《いっせつ》がうかんだ。

[2] 9本《ほん》の尾《お》をもつという伝説上《でんせつじょう》の狐《きつね》。古代《こだい》の中国《ちゅうごく》で、妃《きさき》の言《い》うままに政治《せいじ》を行《おこな》い、民《たみ》に重税《じゅうぜい》を課《か》してぜいたくなくらしをして、善良《ぜんりょう》な臣下《しんか》たちを殺《ころ》し、ついに国《くに》をほろぼした王《おう》がいた。この妃《きさき》にとりついていたのが、九尾《きゅうび》の狐《きつね》だという。

一、局《きょく》ヲ脱《だっ》スルヲ不許《ゆるさず》

その「局中法度書《きょくちゅうはっとがき》」の末尾《まつび》には、こう書《か》かれていた。

「右条々相背候者切腹申付ベク候也《みぎじょうじょうあいそむきそうろうものせっぷくもうしつくそうろうなり》」

いやな予感《よかん》がよぎった勇《いさみ》は、歳三《としぞう》に命《めい》じた。

「すぐにつれもどせ。」

「では、だれかわかい者《もの》を走《はし》らせて山南《やまなみ》を追《お》わせます。」

「わかった……いや、だめだ。総司《そうじ》をよべ。総司《そうじ》に追《お》わせる。」

歳三《としぞう》はなにか言《い》いたそうな顔《かお》をしたが、すぐに頭《あたま》を小《ちい》さくさげて部屋《へや》を出《で》ていった。

すぐに総司《そうじ》が部屋《へや》に入《はい》ってきた。

「近藤《こんどう》さん、詳細《しょうさい》は土方《ひじかた》さんに聞《き》きました。すぐに山南《やまなみ》さんを追《お》いかけます。」

「待《ま》て、総司《そうじ》。」

勇《いさみ》は、総司《そうじ》を引《ひ》きとめて言《い》った。

「総司《そうじ》、おれは山南《やまなみ》を……。」

「だいじょうぶです。わかってますよ、近藤《こんどう》さん。だから、おれに追《お》いかけさせるんでしょ。おれたち、いつからいっしょにいると思《おも》ってるんですか。」

総司《そうじ》はさびしそうにわらうと、部屋《へや》を出《で》ていった。


総司《そうじ》は、大津《おおつ》の宿《やど》で山南《やまなみ》を見《み》つけた。

山南《やまなみ》は、酒《さけ》をたのんでからふろにつかり、部屋《へや》にもどってきたところだった。

本気《ほんき》でにげる気《き》なら、こんなにゆっくりとしているはずはない。

総司《そうじ》は、障子《しょうじ》ごしに声《こえ》をかけた。

「山南《やまなみ》さん……。」

「その声《こえ》は、沖田君《おきたくん》ですか。」

「はい……。」

「沖田君直々《おきたくんじきじき》ということは、斬《き》りにきたのですか。」

「いえ。」

「土方《ひじかた》の差《さ》し金《がね》ではない、と。」

「近藤《こんどう》さんの言《い》いつけできました。」

すこし間《ま》があって、山南《やまなみ》が言《い》った。

「にげてもいい……というわけですか。」

総司《そうじ》は、なにも答《こた》えることができなかった。口《くち》を開《ひら》くと、嗚咽《おえつ》してしまいそうだった。

山南《やまなみ》が言《い》う。

「わかりました。壬生《みぶ》に帰《かえ》りましょう。」

「どうして……。」

総司《そうじ》は、やっと声《こえ》をしぼりだした。

「土方《ひじかた》に抗議《こうぎ》できれば、それでいいのです。」

「山南《やまなみ》さん、だめです。もどったら死《し》ぬことになりますよ。」

総司《そうじ》があわてて言《い》うと、山南《やまなみ》の声《こえ》がした。

「そんなところにいないで、どうぞ、入《はい》ってきてください。」

「……失礼《しつれい》します。」

入《はい》ってきた総司《そうじ》が襖近《ふすまちか》くにすわったのを見《み》て、山南《やまなみ》は言《い》った。

「勝手《かって》に姿《すがた》を消《け》しておいておかしいが、いま、沖田君《おきたくん》に会《あ》って、すごくうれしかった。同時《どうじ》に、自分《じぶん》はやっぱり新選組《しんせんぐみ》の一員《いちいん》なんだと実感《じっかん》した。」

山南《やまなみ》は、そこですこし間《ま》をおいた。

「だから沖田君《おきたくん》。ぼくは新選組《しんせんぐみ》の隊士《たいし》として死《し》にたいんだよ。」

「おれは、ずっと山南《やまなみ》さんにあこがれていたんです。その山南《やまなみ》さんの口《くち》から『死《し》にたい』なんて言葉《ことば》、聞《き》きたくありません。」

「沖田君《おきたくん》。わたしだって、軽《かる》はずみで『死《し》にたい』と言《い》っているわけじゃないよ。わかってくれ。」

「これじゃ、まるで仲間割《なかまわ》れだ……。」

「仲間割《なかまわ》れじゃないよ。わたしは、近藤《こんどう》さんや土方《ひじかた》に、武士《ぶし》のあり方《かた》を問《と》うた。だが、わかってもらえなかった。それだけのことだよ。」

翌日《よくじつ》、壬生屯所《みぶとんしょ》で出《で》むかえた隊士《たいし》たちは、山南《やまなみ》が切腹《せっぷく》させられることを思《おも》って、なみだをのんで黙礼《もくれい》するだけだった。

勇《いさみ》は、総司《そうじ》にふるえる声《こえ》で話《はな》しかけた。

「なにゆえ……。」

だが、うつむいた総司《そうじ》が、なみだ目《め》でうったえるように言《い》う。

「山南《やまなみ》さん、死《し》ぬつもりです。」

山南《やまなみ》は、屯所《とんしょ》の前川家《まえかわけ》の一室《いっしつ》に監禁《かんきん》されることになった。

その部屋《へや》を、ひとりの隊士《たいし》がこっそりたずねていった。

永倉新八《ながくらしんぱち》だ。

「山南《やまなみ》さん、にげてください。いまのままでは、ほんとうに切腹《せっぷく》させられてしまいますよ。」

「本気《ほんき》でにげるつもりなら、沖田君《おきたくん》と刃《やいば》を交《まじ》えていましたよ。」

「山南《やまなみ》さん。なにか、言《い》いのこすことはありますか。」

「島原《しまばら》の料亭《りょうてい》に明里《あけさと》という女《おんな》がいますから文《ふみ》をとどけてください。——それから切腹《せっぷく》を言《い》いわたしてくるのは土方《ひじかた》ではないでしょうね。」

「近藤《こんどう》さんみずからでしょう。」

「ぜひ、そうねがいます。介錯《かいしゃく》は、沖田君《おきたくん》か、永倉君《ながくらくん》、あなたにおねがいしたい。」

そして2月《がつ》23日《にち》午後《ごご》2時《じ》ごろ、紋付袴姿《もんつきはかますがた》になった勇《いさみ》は、山南《やまなみ》を監禁《かんきん》している部屋《へや》に入《はい》った。

「山南《やまなみ》さん、申《もう》しわけないが……切腹《せっぷく》してもらうことになった。」

「わかっています。」

そして午後《ごご》3時《じ》ごろから、山南《やまなみ》は白装束《しろしょうぞく》に着《き》かえ、別《わか》れの水盃《みずさかずき》をとった。

だが山南《やまなみ》は、まだ心《こころ》ここにあらずのようだった。

勇《いさみ》に、永倉《ながくら》が小声《こごえ》で言《い》った。

「女《おんな》に文《ふみ》をとどけたのですが、まだ顔《かお》を見《み》せないようで。」

「すこし、ひとりにしてやろう。」

山南《やまなみ》がひとりになった部屋《へや》の出窓《でまど》の格子《こうし》の向《む》こうから声《こえ》が聞《き》こえてきた。

「山南《やまなみ》さま、山南《やまなみ》さま……。」

山南《やまなみ》が障子《しょうじ》を開《あ》けた。

女《おんな》が格子《こうし》につかまって泣《な》いていた。

山南《やまなみ》と明里《あけさと》は、20～30分《ぷん》ばかり格子《こうし》をはさんで別《わか》れをおしみながら話《はな》していた。

ころあいを見計《みはか》らって、勇《いさみ》は永倉《ながくら》に声《こえ》をかけた。

「もう、いいだろう。」

勇《いさみ》、永倉《ながくら》、介錯《かいしゃく》をする総司《そうじ》らが部屋《へや》に入《はい》ると、山南《やまなみ》が障子《しょうじ》をしめるところだった。

山南《やまなみ》が永倉《ながくら》を見《み》て、晴々《はればれ》しくわらって黙礼《もくれい》した。

「お手間《てま》をとらせました。永倉君《ながくらくん》、文《ふみ》の件《けん》、ありがとうございました。未練《みれん》がましいところを見《み》せてしまったが、これで安心《あんしん》して死《し》ねます。」

総司《そうじ》が白《しろ》い木綿《もめん》の襷《たすき》をかける。

「介錯《かいしゃく》は沖田君《おきたくん》がやってくれるのですね。ありがとう。」

山南《やまなみ》が小刀《しょうとう》の切《き》っ先《さき》を腹《はら》に突《つ》きたてたとき、歳三《としぞう》が部屋《へや》に入《はい》ってきた。

山南《やまなみ》は、じろりと見《み》ると、小刀《しょうとう》で真一文字《まいちもんじ》に腹《はら》を引《ひ》いた。

「やってきたか九尾《きゅうび》の狐《きつね》……。」

総司《そうじ》の刀《かたな》がふりおろされた。


山南《やまなみ》が切腹《せっぷく》して20日《はつか》ほどのちの3月10日《がつとおか》ごろ、新選組《しんせんぐみ》は西本願寺《にしほんがんじ》に移転《いてん》。

慶応《けいおう》に改元《かいげん》した4月《がつ》、長州再征《ちょうしゅうさいせい》に先立《さきだ》って、歳三《としぞう》は伊東甲子太郎《いとうかしたろう》と斎藤一《さいとうはじめ》をつれて江戸《えど》にくだり、新《あら》たに隊士《たいし》を募集《ぼしゅう》した。その結果《けっか》、新選組《しんせんぐみ》は１４０人《にん》ほどにふくれあがり、5月下旬《がつげじゅん》、勇《いさみ》は歳三《としぞう》の意見《いけん》を聞《き》きながら組織《そしき》を再編《さいへん》した。

局長《きょくちょう》は、近藤勇《こんどういさみ》。

副長《ふくちょう》は、土方歳三《ひじかたとしぞう》。

参謀《さんぼう》は、伊東甲子太郎《いとうかしたろう》。

その下《した》に、10組《くみ》の隊《たい》がつくられ、一番隊組長《ばんたいくみちょう》の沖田総司《おきたそうじ》以下《いか》、永倉新八《ながくらしんぱち》が二番隊組《ばんたいくみ》長《ちょう》、斎藤一《さいとうはじめ》が三番隊組長《ばんたいくみちょう》、井上源三郎《いのうえげんざぶろう》が六番隊組長《ばんたいくみちょう》、藤堂平助《とうどうへいすけ》が八番隊組長《ばんたいくみちょう》、原田左《はらださ》之助《のすけ》が十番隊組長《ばんたいくみちょう》となった。

坂本龍馬暗殺《さかもとりょうまあんさつ》

幕府《ばくふ》にわびを入《い》れた長州藩《ちょうしゅうはん》では内乱《ないらん》が起《お》こり、わかきリーダー高杉晋作《たかすぎしんさく》、桂小五郎《かつらこごろう》らが実権《じっけん》をにぎった。そしてふたたび幕府《ばくふ》と対立《たいりつ》する姿勢《しせい》を見《み》せたため、長州再征《ちょうしゅうさいせい》が間近《まぢか》にせまっていた。

長州再征《ちょうしゅうさいせい》に先立《さきだ》ち、使者《ししゃ》として広島《ひろしま》、さらに長州方面《ちょうしゅうほうめん》へ向《む》かった幕府《ばくふ》の要人永井尚志《ようじんながいなおむね》（名《な》は「なおゆき」とも読《よ》む）らを警護《けいご》するために同行《どうこう》した近藤勇《こんどういさみ》が京都《きょうと》にもどった直後《ちょくご》。勇《いさみ》は、ふたたび幕府《ばくふ》の要人《ようじん》とともに西《にし》にくだることになる。

そのあいだの慶応《けいおう》２（１８６６）年《ねん》1月《がつ》21日《にち》のこと。

幕府《ばくふ》から会津藩《あいづはん》をとおして新選組《しんせんぐみ》に、伏見方面《ふしみほうめん》への警備《けいび》が命《めい》じられた。

土方歳三《ひじかたとしぞう》が聞《き》いてくる。

「なにゆえ、伏見《ふしみ》なのでしょうね。いつもと警備《けいび》する範囲《はんい》がことなりますが。」

「わからんが、幕府《ばくふ》の命令《めいれい》どおり、やるだけのことだ。」

じつは、勇《いさみ》が知《し》らないところで——。

土佐藩《とさはん》（高知県《こうちけん》）を脱藩《だっぱん》した坂本龍馬《さかもとりょうま》が、同《おな》じく脱藩《だっぱん》した中岡慎太郎《なかおかしんたろう》とともに動《うご》きまわり、禁門《きんもん》の変以来《へんいらい》、犬猿《けんえん》の仲《なか》だった薩摩藩《さつまはん》の西郷隆盛《さいごうたかもり》、長州藩《ちょうしゅうはん》の桂小五郎《かつらこごろう》に同盟《どうめい》をもちかけつづけていたのだ。

——「薩摩《さつま》じゃ、長州《ちょうしゅう》じゃ、言《い》うとる場合《ばあい》じゃなかろう。ともに手《て》を組《く》まんと、幕《ばく》府《ふ》をたおせんぜよ！」

一度《いちど》は下関《しものせき》での会合《かいごう》を西郷《さいごう》が直前《ちょくぜん》になってとりやめたが、慶応《けいおう》2（1866）年《ねん》1月《がつ》21日《にち》、京都《きょうと》でようやく会合《かいごう》が実現《じつげん》し、薩長同盟《さっちょうどうめい》が成立《せいりつ》した。

新選組《しんせんぐみ》が警備《けいび》を命《めい》じられた伏見《ふしみ》には、龍馬《りょうま》が定宿《じょうやど》にしていた船宿《ふなやど》「寺田屋《てらだや》」があったのだ。

だが2日後《ふつかご》の1月《がつ》23日夜《にちよる》、「寺田屋《てらだや》」にいる龍馬《りょうま》が幕府《ばくふ》の役人《やくにん》たちにおそわれる「寺田屋事件《てらだやじけん》」が起《お》きる。

龍馬《りょうま》は刀《かたな》で手指《しゅし》を負傷《ふしょう》しながらも、ピストルで応戦《おうせん》。

薩摩藩《さつまはん》にかくまわれた龍馬《りょうま》は、妻《つま》おりょうとともに薩摩藩船《さつまはんせん》で薩摩《さつま》の国《くに》ににげ、「日本初《にほんはつ》の新婚旅行《しんこんりょこう》」をすることになる。

後日《ごじつ》、寺田屋事件《てらだやじけん》を知《し》った勇《いさみ》は、禁門《きんもん》の変《へん》のときのように、また地団駄《じだんだ》をふむことになった。

「われらが寺田屋《てらだや》に坂本龍馬《さかもとりょうま》がいることに気《き》づいていれば！　坂本《さかもと》をにがすことはな

かったのに!」

朝敵《ちょうてき》となったのち、幕府《ばくふ》の監視《かんし》の目《め》が光《ひか》っていたため、長州藩《ちょうしゅうはん》は諸外国《しょがいこく》から軍艦《ぐんかん》・武器《ぶき》などを購入《こうにゅう》できなかった。

そんなところに薩長同盟《さっちょうどうめい》がむすばれたおかげで、薩摩《さつま》の国《くに》の名義《めいぎ》で軍艦《ぐんかん》、武器《ぶき》などを調達《ちょうたつ》することができた長州藩《ちょうしゅうはん》は、長州再征《ちょうしゅうさいせい》でせめてきた幕府軍《ばくふぐん》を迎撃《げいげき》。事実上《じじつじょう》敗北《はいぼく》に追《お》いこんだところで、大坂城《おおざかじょう》にいた徳川家茂《とくがわいえもち》が病死《びょうし》。長州再征《ちょうしゅうさいせい》の中止命令《ちゅうしめいれい》が出《で》る。

その年《とし》の暮《く》れ、徳川慶喜《とくがわよしのぶ》が徳川宗家《とくがわそうけ》をついだのち、15代将軍《だいしょうぐん》に就任《しゅうにん》した。

長州再征《ちょうしゅうさいせい》まえに、幕府《ばくふ》の要人《ようじん》たちを警護《けいご》するために同行《どうこう》していた功績《こうせき》だけではないだろうが、新選組《しんせんぐみ》を幕臣《ばくしん》にとりたてる動《うご》きができはじめていた。

ついに、本物《ほんもの》の武士《ぶし》になれる。

幕臣《ばくしん》になれる。

武士《ぶし》になるために浪士組《ろうしぐみ》にくわわった勇《いさみ》らにすれば、これほどうれしいことはなかった。

だが……。

家茂《いえもち》さまが亡《な》くなられた……。

長州再征《ちょうしゅうさいせい》は失敗《しっぱい》に終《お》わった……。

そしていちばん衝撃《しょうげき》をおぼえたのは、薩摩藩《さつまはん》の裏切《うらぎ》りだった。八月十八日《はちがつじゅうはちにち》の政変《せいへん》でともに長州藩《ちょうしゅうはん》を京都《きょうと》から追《お》いはらい、禁門《きんもん》の変《へん》でもともに長州藩《ちょうしゅうはん》とたたかったのだ。その薩摩藩《さつまはん》が、敵《てき》だった長州藩《ちょうしゅうはん》と手《て》をむすぶとは！

（幕臣《ばくしん》になれるというのに、この、ざわっとした感《かん》じはなんだ……。）

勇《いさみ》は、足《あし》もとがぐらぐらするような感覚《かんかく》をかすかに味《あじ》わっていた。

そんな折《おり》の慶応《けいおう》3（1867）年《ねん》3月《がつ》13日夜《にちよる》、伊東甲子太郎《いとうかしたろう》が勇《いさみ》の部屋《へや》をたずねてきた。

「3日《みっか》まえ、朝廷《ちょうてい》より御陵衛士《ごりょうえじ》を拝命《はいめい》しました。新選組《しんせんぐみ》からの分離《ぶんり》をおゆるしいただきたい。」

御陵衛士《ごりょうえじ》とは、慶応《けいおう》2（1866）年暮《ねんく》れに崩御《ほうぎょ》し、正月明《しょうがつあ》けに喪《も》が発《はっ》せられた孝《こう》明天皇《めいてんのう》の墓《はか》を守《まも》る職《しょく》を指《さ》す。

勇《いさみ》が腕組《うでぐ》みをして、口《くち》を「へ」の字《じ》に曲《ま》げていると、伊東《いとう》が言《い》った。

「近藤《こんどう》さん、新選組《しんせんぐみ》が幕臣《ばくしん》にとりたてられる話《はなし》があるというのは、ほんとうですか。」

明《あき》らかに伊東《いとう》は不愉快《ふゆかい》そうな顔《かお》をしていた。

「だまっているということは、ほんとうなのですね？」

勇《いさみ》はうなずいた。

勇《いさみ》は、将軍《しょうぐん》にお目見《めみ》えがかなう旗本《はたもと》、歳三以下《としぞういか》は御家人《ごけにん》として、幕臣《ばくしん》にとりたてられることまで、具体的《ぐたいてき》に決《き》まってきていた。

「わたしが新選組《しんせんぐみ》に入《はい》るときにおたずねしたことをおぼえていますか？」

伊東《いとう》は、こうたずねたのだ。

――「近藤殿《こんどうどの》、新選組《しんせんぐみ》は、まことに帝《みかど》に忠義《ちゅうぎ》をつくす集団《しゅうだん》でありましょうな？」

勇《いさみ》がうなずくと、伊東《いとう》が言《い》った。

「帝《みかど》に忠義《ちゅうぎ》をつくす者《もの》が、幕臣《ばくしん》になるというのは『二君《くん》に仕《つか》える』ことになりはしませんか。」

「そういうことにはならない。日本人《にほんじん》は、帝《みかど》の子《こ》のようなもの。あとは幕府《ばくふ》に仕《つか》えて奉公《ほうこう》するか、どこかの藩《はん》に仕《つか》えて奉公《ほうこう》するか、それだけのこと。だから『二君《くん》に仕《つか》える』という言《い》い方《かた》はおかしい。」

「われわれは帝《みかど》に忠義《ちゅうぎ》をつくします。」

「そうか。新選組《しんせんぐみ》は、帝《みかど》を尊《とうと》び、幕府《ばくふ》に仕《つか》え、奉公《ほうこう》することをつらぬく。それが、われらの正義《せいぎ》だ。」

そして7日後《なのかご》の3月20日《がつはつか》。伊東甲子太郎《いとうかしたろう》は、弟《おとうと》の三樹三郎《みきさぶろう》（三木三郎《みきさぶろう》を改名《かいめい》）をはじめとする仲間《なかま》たち、さらに斎藤一《さいとうはじめ》、わかい藤堂平助《とうどうへいすけ》を引《ひ》きつれて新選組屯所《しんせんぐみとんしょ》を出《で》て、三条《さんじょう》の城安寺《じょうあんじ》にうつった。翌《よく》21日《にち》には五条《ごじょう》の善立寺《ぜんりゅうじ》、6月《がつ》には東山《ひがしやま》の高台寺月真院《こうだいじげっしんいん》に屯所《とんしょ》をうつし、「高台寺党《こうだいじとう》」とよばれることになる。

話《はなし》を聞《き》きつけてきた歳三《としぞう》がすぐに入《はい》ってきた。

「近藤《こんどう》さん、聞《き》きましたか。」

「伊東《いとう》たちのことか。」

「御陵衛士《ごりょうえじ》になるとは、まったく、うまいことを考《かんが》えたものです。」

「そうだな。」

「でも藤堂《とうどう》のことが心配《しんぱい》です。」

試衛館時代《しえいかんじだい》からずっといっしょだったわかき藤堂平助《とうどうへいすけ》も、伊東《いとう》についていったのだ。

「藤堂《とうどう》は、伊東《いとう》を入隊《にゅうたい》させた経緯《けいい》があるから、誘《さそ》いをことわれなかったのだろう。頭《あたま》の切《き》れる伊東《いとう》に、あこがれていたのかもしれないしな。――だが案《あん》じることはない。そうだろ?」

顔《かお》をあげた歳三《としぞう》がうすくわらった。

「やつらの一挙手一投足《いっきょしゅいっとうそく》は、ぜんぶつつぬけですからね。」

そう、勇《いさみ》と歳三《としぞう》は、伊東《いとう》らの動《うご》きがあやしかったため、斎藤一《さいとうはじめ》を密偵《みってい》として、高台《こうだい》寺党《じとう》に送《おく》りこんでいたのだ。

伊東《いとう》は、もともと幕府《ばくふ》より帝《みかど》を重《おも》んじる考《かんが》えだった。同《おな》じ考《かんが》えをもつ薩摩藩《さつまはん》と長州藩《ちょうしゅうはん》が勢《いきお》いをますと、それらの藩士《はんし》とつながりをもって、新選組《しんせんぐみ》をぬけようと動《うご》きまわっていたのだ。

高台寺党《こうだいじとう》が分離《ぶんり》したあと、新選組《しんせんぐみ》が西本願寺《にしほんがんじ》からすこし南《みなみ》の不動堂村《ふどうどうむら》に移転《いてん》したのは6月《がつ》15日《にち》。

その8日後《ようかご》の6月《がつ》23日《にち》、新選組隊士《しんせんぐみたいし》たちは正式《せいしき》に幕臣《ばくしん》にとりたてられた。勇《いさみ》はお目《め》見《み》え以上《いじょう》の旗本《はたもと》。上洛《じょうらく》しなければ上石原村《かみいしはらむら》の農民《のうみん》で一生《いっしょう》を終《お》えていたかもしれない勇《いさみ》が、武士《ぶし》のなかでも位《くらい》の高《たか》い旗本《はたもと》になれたのだ……。

ところが慶応《けいおう》3（1867）年《ねん》10月《がつ》14日《か》、15代将軍徳川慶喜《だいしょうぐんとくがわよしのぶ》が、征夷大将軍《せいいたいしょうぐん》の職《しょく》を辞《じ》し、政権《せいけん》を天皇《てんのう》に返上《へんじょう》した。

大政奉還《たいせいほうかん》だ。

この知《し》らせを受《う》けた勇《いさみ》はがくぜんとした。

「お上《かみ》が……お上《かみ》でなくなる……⁉」

徳川家康《とくがわいえやす》以来《いらい》、２６０年以上《ねんいじょう》にわたってつづいてきた江戸幕府《えどばくふ》が終《お》わってしまったのだ……。

目《め》の前《まえ》がまっ暗《くら》になるのをおぼえた。

攘夷派《じょういは》の連中《れんちゅう》とたたかっているあいだに、いったいなにが起《お》きたというのか。

そこまで考《かんが》えたところで、勇《いさみ》は、はたと思《おも》いいたった。

「坂本龍馬《さかもとりょうま》か……。」

たしか薩摩藩《さつまはん》と長州藩《ちょうしゅうはん》に同盟《どうめい》をむすばせたと聞《き》いた。その坂本龍馬《さかもとりょうま》が、大政奉還《たいせいほうかん》のきっかけをつくったというのか……。

このとき勇《いさみ》は、歴史《れきし》の潮目《しおめ》が大《おお》きくかわっていたことに、ようやく気《き》づいたのだ。

翌月《よくげつ》の11月《がつ》15日夜《にちよる》おそく、歳三《としぞう》が勇《いさみ》の部屋《へや》にとびこんできた。

「近藤《こんどう》さん……。」

歳三《としぞう》が夜《よる》おそくにやってくるのはめずらしい。

「たいへんです。──坂本龍馬《さかもとりょうま》が死《し》んだそうです。」

「死《し》んだ……もしや暗殺《あんさつ》されたのか。」

薩長同盟《さっちょうどうめい》をやってのけたあたりから、畳《たたみ》の上《うえ》で死《し》ねる男《おとこ》ではないような気《き》はしていた。

歳三《としぞう》がうなずいてから、言《い》った。

「同《おな》じく、土佐《とさ》を脱藩《だっぱん》していた中岡慎太郎《なかおかしんたろう》もいっしょに斬《き》られたようです。中岡《なかおか》のほうは重体《じゅうたい》らしいですが。」

「場所《ばしょ》は、どこだ。」

「河原町《かわらまち》の近江屋《おうみや》。」

「醬油屋《しょうゆや》か。」

市中《しちゅう》を巡回《じゅんかい》しているので、どこに、どんな商家《しょうか》があるかはよくわかっている。とくに近江屋《おうみや》は土佐藩邸《とさはんてい》に近《ちか》いために、余計《よけい》にだ。

「近江屋《おうみや》にかくれていたとはな。」

薩長同盟《さっちょうどうめい》を成功《せいこう》させたあと、寺田屋《てらだや》で幕府《ばくふ》の役人《やくにん》におそわれてからというもの、龍馬《りょうま》はおたずね者《もの》になっていた。だから、役人《やくにん》の目《め》がとどく旅籠《はたご》や船宿《ふなやど》に泊《と》まらないため、行方《ゆくえ》がわからなかったのだ。

だが、まさか土佐藩邸《とさはんてい》の目《め》と鼻《はな》の先《さき》にいたとは……。

勇《いさみ》は、歳三《としぞう》に聞《き》いた。

「で、だれにやられたのだ。」

「新選組《しんせんぐみ》、とのうわさが……。」

「なんだと！」

勇《いさみ》は、思《おも》わず立《た》ちあがりそうになった。

だが、おかしい。

会津藩主松平容保《あいづはんしゅまつだいらかたもり》の配下《はいか》として活動《かつどう》している新選組《しんせんぐみ》は、もちろん幕府側《ばくふがわ》に立《た》っている。幕府側《ばくふがわ》に立《た》つ者《もの》にとって、薩長同盟《さっちょうどうめい》を実現《じつげん》させて倒幕《とうばく》を目的《もくてき》に動《うご》いている坂本龍《さかもとりょう》馬《ま》は敵《てき》だ。

もし新選組隊士《しんせんぐみたいし》のなかに暗殺者《あんさつしゃ》がいるのなら、勇《いさみ》の命令《めいれい》なしに独断《どくだん》でやったのだとしても「自分《じぶん》がやった。」といばりたくなるはずなのだ。

だが、いまのところ勇《いさみ》の耳《みみ》には入《はい》ってきていない。

歳三《としぞう》がつづける。

「われわれ新選組《しんせんぐみ》のしわざではないとしたら……あいつらではありませんか。」

「あいつら？」

「京都見廻組《きょうとみまわりぐみ》ですよ。」

新選組《しんせんぐみ》と同《おな》じく京都守護職《きょうとしゅごしょく》の松平容保《まつだいらかたもり》配下《はいか》の組織《そしき》だが、あっちはもともと幕臣《ばくしん》だけで組織《そしき》されている。過激《かげき》な攘夷派《じょういは》をとりしまるライバルといってよかった。だが京都《きょうと》見廻組《みまわりぐみ》は、自分《じぶん》たちが幕臣《ばくしん》で、勇《いさみ》らの多《おお》くが浪士《ろうし》だったため、明《あき》らかに見下《みくだ》してきていた。

のちに明治時代《めいじじだい》に入《はい》って、戊辰戦争《ぼしんせんそう》（鳥羽《とば》・伏見《ふしみ》の戦《たたか》いから箱館戦争《はこだてせんそう》までの総称《そうしょう》）も終《お》わり、戦犯《せんぱん》として明治新政府《めいじしんせいふ》に取《と》り調《しら》べを受《う》けた者《もの》のなかに、元京都見廻組《もときょうとみまわりぐみ》の今井信郎《いまいのぶお》という男《おとこ》がいた。この今井《いまい》は「与頭《くみがしら》の佐々木只三郎《ささきたださぶろう》をはじめとする京都見廻組《きょうとみまわりぐみ》が坂本《さかもと》と中岡《なかおか》を殺害《さつがい》した。」と自白《じはく》をするのだ。

高台寺党《こうだいじとう》の解体《かいたい》

「伊東《いとう》さん、わたしが近藤勇《こんどういさみ》を斬《き》ってみせます。」

斎藤一《さいとうはじめ》は、高台寺月真院《こうだいじげっしんいん》にある御陵衛士《ごりょうえじ》の屯所内《とんしょない》で伊東甲子太郎《いとうかしたろう》に言《い》った[3]。

「元新選組《もとしんせんぐみ》」ということで思《おも》うように活躍《かつやく》できず、あせった伊東《いとう》とその一派《いっぱ》が「近藤勇暗殺《こんどういさみあんさつ》」を決《き》めたためだ。

勇《いさみ》の密偵《みってい》としてもぐりこんでいる斎藤《さいとう》の進言《しんげん》に、伊東《いとう》が耳《みみ》をかたむけた。

「近藤《こんどう》とて天然理心流《てんねんりしんりゅう》の使《つか》い手《て》だろう。どうやって斬《き》るつもりなのだ。」

「新選組屯所《しんせんぐみとんしょ》の門前《もんぜん》で扮装《ふんそう》して待《ま》ちかまえ、近藤《こんどう》が出《で》てきたところをしこみ杖《づえ》でしとめようと思《おも》います。」

「わかった。斎藤《さいとう》にまかせる。で、いつにする。」

「11月《がつ》22日《にち》はどうでしょう。」

「いいだろう。」

坂本龍馬《さかもとりょうま》が暗殺《あんさつ》される5日《いつか》まえの11月10日《がつとおか》、不動堂村《ふどうどうむら》の新選組屯所内《しんせんぐみとんしょない》で、勇《いさみ》と土方《ひじかた》歳三《としぞう》は斎藤一《さいとうはじめ》と面会《めんかい》していた。

正座《せいざ》する斎藤《さいとう》の前《まえ》には50両《りょう》がおかれている。

「それは?」

歳三《としぞう》が聞《き》いた。

[3] 斎藤一《さいとうはじめ》は、これ以降《いこう》「山口次郎《やまぐちじろう》」と改名《かいめい》するが、そののちもたびたび改名《かいめい》するので、本書《ほんしょ》では「斎藤一《さいとうはじめ》」でとおしている。

「高台寺党《こうだいじとう》をただ脱走《だっそう》したのでは密偵《みってい》であることがばれてしまいます。だから金《かね》にこまったわたしが高台寺党《こうだいじとう》の金《かね》に手《て》を出《だ》し、高台寺党《こうだいじとう》の機密《きみつ》をもちだして新選組《しんせんぐみ》にもどったと思《おも》わせるためです。」

斎藤《さいとう》は、伊東《いとう》とのあいだでかわした「近藤勇暗殺計画《こんどういさみあんさつけいかく》」をすべて話《はな》した。

歳三《としぞう》がいきりたった。

「月真院《げっしんいん》の背後《はいご》の山《やま》から大砲《たいほう》を撃《う》ちこみ、門前《もんぜん》から銃《じゅう》で夜襲《やしゅう》をかけよう。」

さすがの勇《いさみ》も止《と》めた。

「ちょっと待《ま》て、歳三《としぞう》。それでは大《おお》さわぎになるし、京《きょう》の町《まち》の人《ひと》たちに迷惑《めいわく》がかかる。」

「では、こういうのは、どうでしょう。」

歳三《としぞう》が計画《けいかく》を話《はな》した。

勇《いさみ》は、耳《みみ》をうたがった。

「歳三《としぞう》、真面目《まじめ》な話《はなし》か。」

「もちろんです。」

「だまし討《う》ちではないか。」

「背《せ》に腹《はら》はかえられません。」

「来《く》ると思《おも》うか。」

「伊東《いとう》は、おれのことはきらっているかもしれませんが、近藤《こんどう》さんのことは信頼《しんらい》していますから。それに……。」

「なんだ。」

「伊東《いとう》は酒好《さけず》きですから。」

龍馬暗殺事件《りょうまあんさつじけん》が起《お》きたのち、勇《いさみ》は伊東《いとう》に使《つか》いを出《だ》した。

伊東《いとう》が新選組《しんせんぐみ》に活動資金《かつどうしきん》300両《りょう》の借金《しゃっきん》を申《もう》しでていたから「近藤勇《こんどういさみ》の私邸《してい》までとりにきてくれ。」という内容《ないよう》だった。

高台寺党《こうだいじとう》の部下《ぶか》たちは止《と》めたが、伊東《いとう》はのこのことやってきた。

11月《がつ》18日午前《にちごぜん》のことだった。

勇《いさみ》は、歳三《としぞう》ら数人《すうにん》をまねいて、酒席《しゅせき》をもうけて伊東《いとう》を歓待《かんたい》した。

伊東《いとう》の盃《さかずき》に酒《さけ》をつぎながら、勇《いさみ》は言《い》った。

「会津藩《あいづはん》から300両《りょう》がとどくまで、酒《さけ》でも飲《の》んで待《ま》っていてくれ。」

酒好《さけず》きな伊東《いとう》は、すすめられるままに杯《さかずき》をあおった。

なんと酒宴《しゅえん》は、午前中《ごぜんちゅう》から午後《ごご》10時《じ》ごろまで、えんえんとつづいた。伊東《いとう》も酔《よ》っぱらってしまった。

「伊東《いとう》さん、会津藩《あいづはん》から使《つか》いがあって、300両《りょう》は明日朝《あすあさ》になるとのこと。明朝《みょうちょう》、こちらから高台寺《こうだいじ》におとどけいたす。」

「では、そろそろ、帰《かえ》るといたそう。ごちそうになり申《もう》した。」

勇《いさみ》の私邸《していい》を出《で》た伊東《いとう》は、酔《よ》いをさますため駕籠《かご》に乗《の》らず、供《とも》の者《もの》とともに歩《ある》きはじめた。

焼《や》け跡《あと》もある一帯《いったい》は、しんと静《しず》まりかえっている。

すると、とある板塀《いたべい》のかげから1本《ぽん》の槍《やり》がくりだされ、伊東《いとう》の肩先《かたさき》から首《くび》をつらぬ

いた。槍《やり》をにぎっているのは、新選組隊士《しんせんぐみたいし》の大石鍬次郎《おおいしくわじろう》だった。のちに「人斬《ひとき》り鍬次《くわじ》郎《ろう》」とよばれるようになる男《おとこ》だ。

伊東《いとう》、供《とも》の者《もの》が反撃《はんげき》に出《で》たが、新選組隊士《しんせんぐみたいし》たちがばらばらと出《で》てきた。

槍《やり》で重傷《じゅうしょう》を負《お》った伊東《いとう》は、近《ちか》くの寺《てら》の門前《もんぜん》にある石《いし》に腰《こし》かけた。

「奸賊《かんぞく》どもめ！」

そうさけんでたおれ、絶命《ぜつめい》した。

私邸《してい》から出《で》た勇《いさみ》に、歳三《としぞう》が言《い》った。

「これを機《き》に、高台寺党《こうだいじとう》を一掃《いっそう》しましょう。伊東《いとう》が斬《き》られたと聞《き》けば、高台寺党《こうだいじとう》のやつらは遺体《いたい》を引《ひ》きとりに出《で》てくるはず。そこを斬《き》るのです。」

「待《ま》て。高台寺党《こうだいじとう》のなかには、藤堂平助《とうどうへいすけ》もいるのだ。あいつだけは助《たす》けてやってくれ。」

「わかりました。」

歳三《としぞう》の命令《めいれい》で、町役人《まちやくにん》に扮《ふん》した新選組隊士《しんせんぐみたいし》が高台寺党《こうだいじとう》の面々《めんめん》に知《し》らせた。

──「伊東《いとう》が七条《しちじょう》の辻《つじ》、油小路《あぶらのこうじ》の十字路《じゅうじろ》で斬《き》られた。」

この通報《つうほう》で、高台寺党《こうだいじとう》のうち7人《にん》が、伊東《いとう》の遺体《いたい》を乗《の》せる駕籠《かご》を用意《ようい》し、屯所《とんしょ》を出立《しゅったつ》した。そのなかには藤堂平助《とうどうへいすけ》もふくまれていた。

高台寺党《こうだいじとう》の7人《にん》が油小路《あぶらのこうじ》に着《つ》いたときには、午前《ごぜん》2時《じ》をまわっていた。

伊東《いとう》の遺体《いたい》を駕籠《かご》に乗《の》せようとしていたとき、新選組隊士《しんせんぐみたいし》たちが出《で》てきて斬《き》り合《あ》いになった。

その斬《き》り合《あ》いのなかで、永倉新八《ながくらしんぱち》と藤堂平助《とうどうへいすけ》が鉢合《はちあ》わせした。

永倉《ながくら》は、あらかじめ、歳三《としぞう》から言《い》われていた。

──「藤堂《とうどう》だけは生《い》かしておけ。近藤《こんどう》さんの命令《めいれい》だ。」

高台寺党《こうだいじとう》にくわわったとはいえ、藤堂《とうどう》とは試衛館時代《しえいかんじだい》からの仲《なか》。

いっぽうの藤堂《とうどう》にしても、永倉《ながくら》に一礼《いちれい》してにげたかった。

だが勇《いさみ》の命令《めいれい》、歳三《としぞう》の指示《しじ》がおよんでいない、ほかの隊士《たいし》によって、藤堂《とうどう》は斬《き》られてしまう。

「藤堂《とうどう》！」

永倉《ながくら》につづいて、沖田総司《おきたそうじ》、歳三《としぞう》、そして勇《いさみ》もかけよった。

勇《いさみ》は、横《よこ》たわる藤堂《とうどう》をだきしめた。

試衛館時代《しえいかんじだい》からまるで末《すえ》の弟《おとうと》、ともすれば、わが子《こ》のようにかわいがってきたのだ。

「平助《へいすけ》！」

藤堂《とうどう》の口《くち》が動《うご》く。

「……近藤《こんどう》さん……。」

「死《し》ぬな！　死《し》ぬな！」

「……近藤《こんどう》さん……最後《さいご》までついていけなくて……すみません。」

「藤堂《とうどう》！　おまえは、最後《さいご》まで仲間《なかま》だ。」

藤堂《とうどう》は笑《え》みをうかべ、勇《いさみ》の腕《うで》の中《なか》で息《いき》を引《ひ》きとった。

試衛館《しえいかん》からともにすごし、ともに上洛《じょうらく》した仲間《なかま》を死《し》なせたことに、勇《いさみ》はぼうぜんとした。

藤堂《とうどう》の額《ひたい》にまかれた手《て》ぬぐいが、はらりと落《お》ちた。額《ひたい》には、池田屋事件《いけだやじけん》で負《お》った傷《きず》がのこっている。

油小路《あぶらのこうじ》の決闘《けっとう》のすえ、ほかの高台寺党《こうだいじとう》の面々《めんめん》は、半数《はんすう》が斬《き》られ、半数《はんすう》が傷《きず》を負《お》ったまま逃走《とうそう》していった。

ここに伊東甲子太郎《いとうかしたろう》の高台寺党《こうだいじとう》は解体《かいたい》。逃走《とうそう》した隊士《たいし》、屯所《とんしょ》にのこされた隊士《たいし》の多《おお》くは薩摩藩《さつまはん》によってかくまわれた。

事件《じけん》から半月《はんつき》ばかりあとの慶応《けいおう》3（1867）年《ねん》12月9日《がつここのか》、明治天皇《めいじてんのう》による王政復古《おうせいふっこ》の大号令《だいごうれい》が発布《はっぷ》され、その夜《よる》、小御所会議《こごしょかいぎ》が開《ひら》かれた。公武合体派《こうぶがったいは》の越前藩《えちぜんはん》（福井県《ふくいけん》）の松平春嶽《まつだいらしゅんがく》と土佐藩《とさはん》の山内容堂《やまうちようどう》の努力《どりょく》にもかかわらず、徳川慶喜《とくがわよしのぶ》は新政府《しんせいふ》から排除《はいじょ》され、朝廷《ちょうてい》での地位《ちい》を剝奪《はくだつ》され、領地《りょうち》も没収《ぼっしゅう》された（辞官納地《じかんのうち》という）。

勇《いさみ》は、がっくりと肩《かた》を落《お》とした。

「お上《かみ》……。」

ひざの上《うえ》においた拳《こぶし》を、ぎゅっとにぎりしめた。

これで名実《めいじつ》ともに、江戸幕府《えどばくふ》が消滅《しょうめつ》してしまったのだ。

自分《じぶん》は旗本《はたもと》、歳三以下《としぞういか》は御家人《ごけにん》になれたというのに……。幕臣《ばくしん》でいられたのは、わずか半年間《はんとしかん》のことだった。

「くそっ！」

勇《いさみ》は、拳《こぶし》で自分《じぶん》のひざを、なんども、なんども打《う》ちつけた。

幕府《ばくふ》が消滅《しょうめつ》して7日後《なのかご》の12月《がつ》16日《にち》、新選組《しんせんぐみ》の屯所《とんしょ》は伏見奉行所《ふしみぶぎょうしょ》があった建物《たてもの》に移転《いてん》となった。

そのわずか2日後《ふつかご》のことだった。

警備《けいび》にあたっている二条城《にじょうじょう》からの帰《かえ》り、隊士数人《たいしすうにん》と馬《うま》で屯所《とんしょ》にもどろうとしていた勇《いさみ》は、銃声《じゅうせい》とともに右肩《みぎかた》に激痛《げきつう》をおぼえた。

「うっ！」

——「局長《きょくちょう》！」

同行《どうこう》している隊士《たいし》の声《こえ》が聞《き》こえた。勇《いさみ》は、なんとか落馬《らくば》せず、馬《うま》の首《くび》にしがみついた。隊士《たいし》が馬《うま》に鞭《むち》を当《あ》てた。逃走《とうそう》し、なんとか旧伏見奉行所《きゅうふしみぶぎょうしょ》ににげこんだ。

あとでわかったことだが、勇《いさみ》の命《いのち》をねらったのは、高台寺党《こうだいじとう》の残党《ざんとう》たちだった。

蘭方医《らんぽうい》の松本良順《まつもとりょうじゅん》から治療《ちりょう》を受《う》けながら、勇《いさみ》は隊士《たいし》たちに言《い》った。

「復讐《ふくしゅう》などと考《かんが》えるな。復讐《ふくしゅう》に対《たい》して復讐《ふくしゅう》で返《かえ》したら、いつまでたっても怒《いか》りの鎖《くさり》は切《き》れない。いいな？」

だがけっきょく、この傷《きず》のため、勇《いさみ》はこのあと起《お》こる鳥羽《とば》・伏見《ふしみ》の戦《たたか》いでは陣頭指《じんとうし》揮《き》をとることができなくなってしまう……。

4 最後《さいご》の新選組《しんせんぐみ》

鳥羽《とば》・伏見《ふしみ》の戦《たたか》い

「いくさが始《はじ》まる。だが、わたしは負傷《ふしょう》しているため指揮《しき》できない。みな、たのむ。」

大坂城内《おおざかじょうない》で傷《きず》の治療《ちりょう》をしている勇《いさみ》は、隊士《たいし》たちに頭《あたま》をさげた。

徳川慶喜《とくがわよしのぶ》は、大政奉還《たいせいほうかん》すれば新政府《しんせいふ》にのこることができると思《おも》っていた。しかし王《おう》政復古《せいふっこ》の大号令《だいごうれい》が出《だ》されると同時《どうじ》に、徳川家《とくがわけ》は排除《はいじょ》されてしまう。倒幕《とうばく》をかかげる薩《さっ》長《ちょう》は、それでもまだ旧幕府勢力《きゅうばくふせいりょく》をおそれ、武力《ぶりょく》でたおそうとしていたのだ。

そして慶応《けいおう》3（1867）年《ねん》12月《がつ》に薩摩藩《さつまはん》が江戸《えど》で、旧幕府側《きゅうばくふがわ》を挑発《ちょうはつ》し、それにのってしまった旧幕府側《きゅうばくふがわ》が薩摩藩邸《さつまはんてい》を焼《や》き打《う》ちにしてしまう。ついに、大坂城《おおざかじょう》にいる慶喜《よしのぶ》ひきいる旧幕府軍《きゅうばくふぐん》と、薩長《さっちょう》を中心《ちゅうしん》とする新政府軍《しんせいふぐん》のいくさが始《はじ》まることになってしまったのだ。

会津藩《あいづはん》の指揮下《しきか》にある新選組《しんせんぐみ》も、京都見廻組《きょうとみまわりぐみ》、会津藩兵《あいづはんぺい》、桑名藩兵《くわなはんぺい》などとともに旧《きゅう》幕府軍《ばくふぐん》として参戦《さんせん》することになっている。

だが暗殺未遂事件《あんさつみすいじけん》で負傷《ふしょう》している勇《いさみ》も、肺《はい》の病《やまい》で病床《びょうしょう》にいる沖田総司《おきたそうじ》も参戦《さんせん》できないため、副長《ふくちょう》の土方歳三《ひじかたとしぞう》が新選組《しんせんぐみ》を指揮《しき》することになったのだ。

勇《いさみ》は、つづけた。

「お上《かみ》は、私利私欲《しりしよく》のためではなく、日本《にっぽん》のためを思《おも》って、政《まつりごと》を帝《みかど》にお返《かえ》しになられた。にもかかわらず、薩長《さっちょう》は武力《ぶりょく》でわれわれをたおそうとしている。そんなやつらに大義《たいぎ》はない！」

「やはり、長州征伐《ちょうしゅうせいばつ》のとき、長州藩《ちょうしゅうはん》をたたきつぶしておけばよかったのです。そうすれば、いくら坂本龍馬《さかもとりょうま》の仲介《ちゅうかい》があったとしても、薩摩藩《さつまはん》も、長州藩《ちょうしゅうはん》と手《て》を組《く》もうとは思《おも》わなかったでしょう。しかし、こうなってしまったからには、われわれは、幕府《ばくふ》の、徳川《とくがわ》の正義《せいぎ》をつらぬくため、たたかうだけです！」

「歳三《としぞう》、たのむ。」

歳三《としぞう》が、隊士《たいし》たちに号令《ごうれい》をかける。

「みなの者《もの》、行《い》くぞ！」

これから戦場《せんじょう》におどりでていく隊士《たいし》たちの背中《せなか》を見送《みおく》りながら、勇《いさみ》は体《からだ》がふるえてくるのがわかった。

ダンダラ染《ぞ》めの羽織《はおり》を身《み》にまとった隊士《たいし》たちが、新政府軍《しんせいふぐん》の大軍《たいぐん》におしつぶされる錯覚《さっかく》をおぼえていた。

上石原村《かみいしはらむら》にいたころから、勇《いさみ》にとっては、お上《かみ》がいちばんだった。お上《かみ》のためなら、なんでもできると思《おも》っていた。だが、お上《かみ》がひきいる幕府《ばくふ》は、下《した》からおしあげてきた薩長《さっちょう》らにおしたおされただけではない、たたきつぶされようとしている……。

こうして慶応《けいおう》4（1868）年《ねん》1月3日《がつみっか》、鳥羽《とば》・伏見《ふしみ》の戦《たたか》いが始《はじ》まった。

新選組隊士《しんせんぐみたいし》だけでなく、京都見廻組《きょうとみまわりぐみ》も、会津藩兵《あいづはんぺい》も、桑名藩兵《くわなはんぺい》も、はじめは意気軒《いきけん》昂《こう》で善戦《ぜんせん》していた。

新政府軍《しんせいふぐん》5000に対《たい》し旧幕府軍《きゅうばくふぐん》1万《まん》5000と兵数《へいすう》は勝《まさ》っていたが、悪《わる》い条件《じょうけん》が重《かさ》なっていた。

旧幕府軍《きゅうばくふぐん》が和装中心《わそうちゅうしん》なのに、新政府軍《しんせいふぐん》は洋装《ようそう》。そして新政府軍《しんせいふぐん》は最新式《さいしんしき》の銃《じゅう》や大砲《たいほう》を使《つか》っていただけでなく。薩摩兵《さつまへい》を中心《ちゅうしん》に、よく訓練《くんれん》された兵《へい》が多《おお》かった。

旧幕府軍《きゅうばくふぐん》のなかにあっても、新選組《しんせんぐみ》の隊士《たいし》たちは、刀《かたな》と槍《やり》しかなくとも意気《いき》さかんにたたかいつづけた。

いくさがはじまった翌日《よくじつ》のことだ。

――「あれは、なんだ！」

旧幕府軍《きゅうばくふぐん》の兵《へい》たちのあいだから声《こえ》がした。指《ゆび》さす先《さき》、新政府軍《しんせいふぐん》のなかに錦《にしき》の御旗《みはた》がゆれていた。

錦《にしき》の御旗《みはた》は天皇《てんのう》から下《くだ》されたもの。

つまり新政府軍《しんせいふぐん》が官軍《かんぐん》（天皇軍《てんのうぐん》）、そして旧幕府軍《きゅうばくふぐん》が賊軍《ぞくぐん》とされたことを意味《いみ》していた。

歳三《としぞう》が、諸士取調役兼監察《しょしとりしらべやくけんかんさつ》の山崎烝《やまざきすすむ》に聞《き》く。

「あれはほんとうに錦《にしき》の御旗《みはた》なのか。」

「ようわかりまへんが、そういううわさで。ただ、帝《みかど》はまだおさなくていらっしゃる……。」

「薩摩《さつま》と親《した》しい公家《くげ》の岩倉具視《いわくらともみ》［1］のしわざにちがいない。にせものの旗《はた》ってこともあるな。尊王《そんのう》だなんだと言《い》って、帝《みかど》を利用《りよう》しているだけじゃないか。」

旧幕府軍《きゅうばくふぐん》は、じりじり後退《こうたい》をつづけ、1月5日《がついつか》の総攻撃《そうこうげき》で総《そう》くずれとなった。

そのさなかのこと――。

敵兵《てきへい》に囲《かこ》まれ、倒木《とうぼく》に身《み》をひそめたまま二進《にっち》も三進《さっち》もいかなくなった新選組隊士《しんせんぐみたいし》たちは、だれもが「最期《さいご》」を覚悟《かくご》していた。

刀《かたな》では、銃《じゅう》に勝《か》てない。

あれだけ日野《ひの》の道場《どうじょう》、江戸《えど》の試衛館《しえいかん》、そして上洛《じょうらく》してからも修行《しゅぎょう》を重《かさ》ねてきた剣《けん》とは、なんだったのか……。

いらだった歳三《としぞう》が刀《かたな》をふりあげながら、敵《てき》に斬《き》りかかっていこうとした。

「土方《ひじかた》さん！　ダメだ！」

井上源三郎《いのうえげんざぶろう》が、歳三《としぞう》を追《お》った。

銃声《じゅうせい》がした。

源三郎《げんざぶろう》は、歳三《としぞう》の背中《せなか》をつきとばした。歳三《としぞう》に背中《せなか》を向《む》け、右手《みぎて》ににぎった刀《かたな》をふりあげて仁王立《におうだ》ちとなった。

銃弾《じゅうだん》が腹《はら》に命中《めいちゅう》した。

その拍子《ひょうし》に、額《ひたい》にまいた鉢巻《はちま》きが、はらりとほどけ落《お》ちた。

ひざから落《お》ちる源三郎《げんざぶろう》のもとに、隊士《たいし》たちがかけよった。

［1］　1825～1883年《ねん》。公家出身《くげしゅっしん》の政治家《せいじか》。1858年《ねん》、幕府《ばくふ》に日米修好通商条約《にちべいしゅうこうつうしょうじょうやく》をみとめさせようとした関白九条尚忠《かんぱくくじょうひさただ》に反対《はんたい》した。薩長同盟《さっちょうどうめい》がむすばれたあとは幕府《ばくふ》をたおす活動《かつどう》に力《ちから》をかし、王政復古《おうせいふっこ》の計画《けいかく》にもくわわる。明治維新後《めいじいしんご》は、政治《せいじ》の中心的人物《ちゅうしんてきじんぶつ》となった。

「源《げん》さん！　源《げん》さん！」

歳三《としぞう》が、後《うし》ろから源三郎《げんざぶろう》をだきかかえ、その周囲《しゅうい》を隊士《たいし》たちが囲《かこ》んだ。

「源《げん》さん！」

「土方《ひじかた》さん、みんなをたのみます。」

「死《し》ぬな！」

源三郎《げんざぶろう》の意識《いしき》がうすれていく。

「近藤《こんどう》さん、土方《ひじかた》さん、沖田君《おきたくん》……みんな……楽《たの》しかったなぁ……。」

甥《おい》の泰助《たいすけ》は、源三郎《げんざぶろう》の首《くび》と刀《かたな》を持《も》って大坂《おおざか》へ引《ひ》きあげていったが、あまりに重《おも》いため、途中《とちゅう》でうめたという。

仲間《なかま》がひとり、またひとり討《う》ち死《じ》にしていった新選組隊士《しんせんぐみたいし》たちは敗走《はいそう》をつづけた。

いくさのあと、歳三《としぞう》はこんなことを言《い》っている。

――「もう槍《やり》や剣《けん》では、いくさというものはできません。」

態勢《たいせい》をととのえるため、新選組御用達《しんせんぐみごようたし》の大坂八軒家《おおざかはちけんや》の京屋忠兵衛方《きょうやちゅうべえかた》に宿《やど》をとったのち、1月7日《がつなのか》に大坂城《おおざかじょう》に入《はい》ったところで、とんでもない話《はなし》を耳《みみ》にすることになる。

前日夜《ぜんじつよる》のこと。

勇《いさみ》は、大坂城内《おおざかじょうない》で会津藩主《あいづはんしゅ》の松平容保《まつだいらかたもり》と対面《たいめん》していた。

「……というわけだ、近藤《こんどう》。余《よ》は、弟《おとうと》の定敬《さだあき》（桑名藩主《くわなはんしゅ》）、老中《ろうじゅう》の酒井忠惇殿《さかいただとしどの》、板倉《いたくら》勝静殿《かつきよどの》らとともに、お上《かみ》に同行《どうこう》し、江戸《えど》にもどることとなった。」

「新選組隊士《しんせんぐみたいし》だけでなく、幕府軍《ばくふぐん》の兵《へい》たちは、まだいくさをつづけているのです。見《み》すてるおつもりですか。」

「見《み》すてるのではない。態勢《たいせい》を立《た》てなおすのだ。未来《みらい》のためだ。」

勇《いさみ》は、かみついた。

「いくさをしている者《もの》たちに未来《みらい》を見《み》ているゆとりなどないのです！　たしかに、いまはおされていますが、軍勢《ぐんぜい》の数《かず》ではわれわれが有利《ゆうり》です。将軍《しょうぐん》が陣頭《じんとう》に立《た》てば、かならず勝《か》てます。」

肺《はい》の病《やまい》で床《とこ》についていなければならない総司《そうじ》も、無理《むり》に起《お》きあがって勇《いさみ》に同行《どうこう》し、容保《かたもり》に食《く》いさがった。

「どうしても江戸《えど》にもどるとおっしゃるなら、わたしを斬《き》ってからにしてください。」

そう言《い》ったそばから、総司《そうじ》は腰《こし》を折《お》ってせきこんだ。口《くち》をおさえたてのひらには鮮《せん》血《けつ》が付着《ふちゃく》していた。

新選組隊士《しんせんぐみたいし》たちが大坂城《おおざかじょう》にもどってくる前日《ぜんじつ》、1月6日《がつむいか》の夜《よる》、慶喜《よしのぶ》らは天保山沖《てんぽうざんおき》に停泊《ていはく》させていた軍艦開陽丸《ぐんかんかいようまる》に乗《の》り、江戸《えど》にもどってしまった。

翌7日《よくなのか》、ぼろぼろになって大坂城《おおざかじょう》に入《はい》った新選組隊士《しんせんぐみたいし》たちは、勇《いさみ》から話《はなし》を聞《き》くと、ひざからくずれおちた。

慶喜《よしのぶ》たちの「逃亡《とうぼう》」で、旧幕府軍《きゅうばくふぐん》は事実上解散《じじつじょうかいさん》となった。

「近藤《こんどう》さん、どうする。」

歳三《としぞう》が、隊士《たいし》たちを代表《だいひょう》して聞《き》いてくる。

隊士《たいし》たちのなかから声《こえ》があがる。

——「最後《さいご》までたたかいましょう!」

——「ここが、われわれの死《し》に場所《ばしょ》です!」

——「そうだ! ここで死《し》のう!」

勇《いさみ》は、隊士《たいし》たちに言《い》った。

「待《ま》て。——これ以上《いじょう》たたかってもけが人《にん》がふえるだけだ。残党狩《ざんとうが》りにあうかもしれん。江戸《えど》にもどって再起《さいき》にかけよう。あとは、もう、これまでどおり、おのれを信《しん》じてたたかいつづけるしかない。」

勇《いさみ》は、新選組隊士《しんせんぐみたいし》をふたつに分《わ》け、2そうの幕府船《ばくふせん》に乗《の》せることにした。

多《おお》くの隊士《たいし》を乗《の》せた順動丸《じゅんどうまる》と、近藤勇《こんどういさみ》、土方歳三《ひじかたとしぞう》、介抱《かいほう》が必要《ひつよう》な負傷者《ふしょうしゃ》を乗《の》せた富士山丸《ふじさんまる》は天保山沖《てんぽうざんおき》を出港《しゅっこう》。兵庫《ひょうご》に停泊《ていはく》したのち、江戸《えど》の品川《しながわ》に向《む》けて出港《しゅっこう》した。

新選組隊士《しんせんぐみたいし》のなかには、本隊《ほんたい》とはぐれ、やっと大坂《おおざか》にたどりついたときには本隊《ほんたい》が江戸《えど》に発《た》ったあと。出身藩《しゅっしんはん》の大坂屋敷《おおざかやしき》に出頭《しゅっとう》したが帰藩《きはん》させてもらえず、自害《じがい》してはてた者《もの》もいた。また、山崎烝《やまざきすすむ》をはじめ重傷《じゅうしょう》を負《お》ったまま船《ふね》の中《なか》で息《いき》を引《ひ》きとり、水葬《すいそう》にされた者《もの》もいた。

品川《しながわ》に入港《にゅうこう》後《ご》、勇《いさみ》は浅草《あさくさ》にある医学所《いがくしょ》で松本良順《まつもとりょうじゅん》の治療《ちりょう》を受《う》けることになった。

歳三《としぞう》らは、品川《しながわ》の幕府御用宿《ばくふごようやど》に草鞋《わらじ》をぬいだのち、江戸城近《えどじょうちか》くの鍛冶橋門内《かじばしもんない》にある日向《ひゅうが》の国《くに》の高鍋藩《たかなべはん》（宮崎県児湯郡高鍋町《みやざきけんこゆぐんたかなべちょう》など）の世《よ》つぎ、秋月右京亮《あきづきうきょうのすけ》の屋敷跡《やしきあと》が屯所《とんしょ》としてあたえられた。

甲陽鎮撫隊《こうようちんぶたい》

大坂城《おおざかじょう》から江戸《えど》ににげかえった徳川慶喜《とくがわよしのぶ》は、いまや「逆賊《ぎゃくぞく》」となったため、このころ陸軍総裁《りくぐんそうさい》となった幕臣《ばくしん》の勝海舟《かつかいしゅう》と相談《そうだん》のうえ、上野《うえの》の寛永寺《かんえいじ》で謹慎《きんしん》していた。

松本良順《まつもとりょうじゅん》から治療《ちりょう》を受《う》けていた近藤勇《こんどういさみ》は、旧幕府《きゅうばくふ》の命令《めいれい》で、慶応《けいおう》4（１８６８）年《ねん》2月《がつ》15日《にち》から10日間《とおかかん》ばかり、新選組《しんせんぐみ》をひきいて慶喜《よしのぶ》の警護《けいご》にあたっていたが、すぐに、新《あら》たな命令《めいれい》がくだされた。

西《にし》から江戸《えど》に向《む》かって軍《ぐん》を進《すす》めてくる新政府軍《しんせいふぐん》よりも先《さき》に甲府城《こうふじょう》に入《はい》るというものだった。

歳三《としぞう》をはじめ、隊士《たいし》たちは和装《わそう》から洋装《ようそう》になっていた。さらに幕府《ばくふ》などから軍資金《ぐんしきん》も得《え》ていた。

勇《いさみ》は、隊士《たいし》たちに声《こえ》をかけた。

「徹底抗戦《てっていこうせん》だ！」

ただひとりだけ、顔色《かおいろ》の悪《わる》い男《おとこ》がいた。沖田総司《おきたそうじ》だ。

鳥羽《とば》・伏見《ふしみ》の戦《たたか》いのあいだ、負傷《ふしょう》していた勇《いさみ》とともに大坂城《おおざかじょう》にいた総司《そうじ》は、江戸《えど》にもどってからも、勇《いさみ》といっしょに治療《ちりょう》をしていたのだ。

医師《いし》の松本良順《まつもとりょうじゅん》は心配《しんぱい》そうな顔《かお》をしていたが、総司《そうじ》はむりやり退院《たいいん》したのだ。

「総司《そうじ》、むりはするなよ。」

「だいじょうぶです。」

総司《そうじ》はわらったが、けっして顔色《かおいろ》はよくなかった。

そして2月《がつ》30日《にち》、新選組《しんせんぐみ》は一時的《いちじてき》に「甲陽鎮撫隊《こうようちんぶたい》」を名乗《なの》って、江戸《えど》を発《た》った。

若年寄格《わかどしよりかく》となって「大久保剛《おおくぼたけし》」を名乗《なの》った勇《いさみ》は大名《だいみょう》クラスの駕籠《かご》に乗《の》り、寄合席格《よりあいせきかく》となって「内藤隼人《ないとうはやと》」を名乗《なの》った歳三《としぞう》は馬《うま》にまたがっていた。

内藤新宿《ないとうしんじゅく》（現在《げんざい》の新宿《しんじゅく》）に泊《と》まったあと、府中《ふちゅう》に宿泊《しゅくはく》。日野《ひの》にも立《た》ちよった。勇《いさみ》、歳三《としぞう》らは凱旋《がいせん》をはたした。

歳三《としぞう》の親戚縁者《しんせきえんじゃ》、隊士《たいし》たちを前《まえ》に、宴会場《えんかいじょう》の上座《かみざ》にすわった勇《いさみ》に、近所《きんじょ》から集《あつ》まった子《こ》どもたちが声《こえ》をかける。

――「あれ、やって！」

「あれか、そうか。」

そう言《い》うと勇《いさみ》は、右《みぎ》のにぎりこぶしを口《くち》の中《なか》にすっぽりと入《い》れてみせた。

ふだんは無口《むくち》でいかつい勇《いさみ》が、唯一《ゆいいつ》できる「芸《げい》」だった。

子《こ》どもたちにまじって総司《そうじ》もわらっていた。

勇《いさみ》は、みなのいないところに総司《そうじ》をよんで、こっそり命《めい》じた。

「総司《そうじ》、日野《ひの》にのこれ。」

「いやです。つれていってください。――ごほごほ。」

総司《そうじ》はせきこむ。

勇《いさみ》は、心《こころ》を鬼《おに》にして言《い》った。

「総司《そうじ》、おまえがいたらじゃまなのだ。」

「そんなっ……。」

「じゃまなのだ。だからのこれ。新選組局長《しんせんぐみきょくちょう》としての命令《めいれい》だ。」

「おれは、新選組《しんせんぐみ》の一員《いちいん》として死《し》にたいのです。山南《やまなみ》さんのように……。」

うつむいた総司《そうじ》の体《からだ》は小《こ》きざみにふるえていた。

勇《いさみ》は心《こころ》のなかで、わびた。

(すまん、総司《そうじ》。おまえのためなのだ。おまえには生《い》きていてほしいのだ。)

総司《そうじ》は、松本良順《まつもとりょうじゅん》のもとで療養《りょうよう》をすることになる。

日野《ひの》でも人員《じんいん》を急募《きゅうぼ》。百数十人《ひゃくすうじゅうにん》がくわわった。だが……。

すべてが悪《わる》いほうへ転《ころ》がっていった。

急募《きゅうぼ》した隊士《たいし》たちは寄《よ》せ集《あつ》めで使《つか》いものにならず、雪《ゆき》の甲斐路《かいじ》は寒《さむ》いうえに泥道《どろみち》で足場《あしば》が悪《わる》く、脱走《だっそう》する者《もの》が続出《ぞくしゅつ》。

甲陽鎮撫隊《こうようちんぶたい》が立《た》ち往生《おうじょう》しているあいだに、甲府城《こうふじょう》は新政府軍《しんせいふぐん》によってのっとられてしまったのだ。新政府軍《しんせいふぐん》は、勇《いさみ》たちがいる勝沼《かつぬま》の本陣《ほんじん》にせめてきた。

徹底抗戦《てっていこうせん》をとなえていた甲陽鎮撫隊《こうようちんぶたい》だったが蜘蛛《くも》の子《こ》を散《ち》らすように敗走《はいそう》した。この時点《じてん》で甲陽鎮撫隊《こうようちんぶたい》は解散《かいさん》。新選組隊士《しんせんぐみたいし》たちは江戸《えど》にもどることになった。

流山《ながれやま》の近藤勇《こんどういさみ》

「これより江戸《えど》を出《で》る。」

近藤勇《こんどういさみ》が宣言《せんげん》すると、土方歳三《ひじかたとしぞう》が聞《き》いてきた。

「どこに行《い》くんです。」

「五兵衛新田《ごへえしんでん》だ。」

「ごへえ、しんでん……どこです?」

五兵衛新田《ごへえしんでん》は、医学所《いがくしょ》がある浅草《あさくさ》から見《み》れば、北東《ほくとう》の方角《ほうがく》にあたる(現在《げんざい》の足立区《あだちく》綾瀬《あやせ》)。

「だれかの紹介《しょうかい》があるのですか。」

「松本良順先生《まつもとりょうじゅんせんせい》の紹介《しょうかい》だ。」

医学所《いがくしょ》にいすわっている新選組《しんせんぐみ》を追《お》いだしたかったというより、新選組《しんせんぐみ》が目立《めだ》ってしまうためににがしてくれたのだ。

新選組《しんせんぐみ》の先発隊《せんぱつたい》が浅草《あさくさ》を発《た》ち、荒川《あらかわ》をこえた先《さき》の五兵衛新田《ごへえしんでん》にある金子健十郎宅《かねこけんじゅうろうたく》に入《はい》ったのは3月《がつ》13日《にち》のことだった。

このあたりを開拓《かいたく》したのが金子五兵衛《かねこごへえ》なので「五兵衛新田《ごへえしんでん》」とよばれているらしかった。金子家《かねこけ》の母屋《おもや》は、平面《へいめん》がL《エル》字形《じがた》になった曲《ま》がり屋《や》になっていた。

じつはこの前日《ぜんじつ》、斎藤一《さいとうはじめ》は病人《びょうにん》やけがをしている者《もの》たち、世話《せわ》をする者《もの》たちをふく

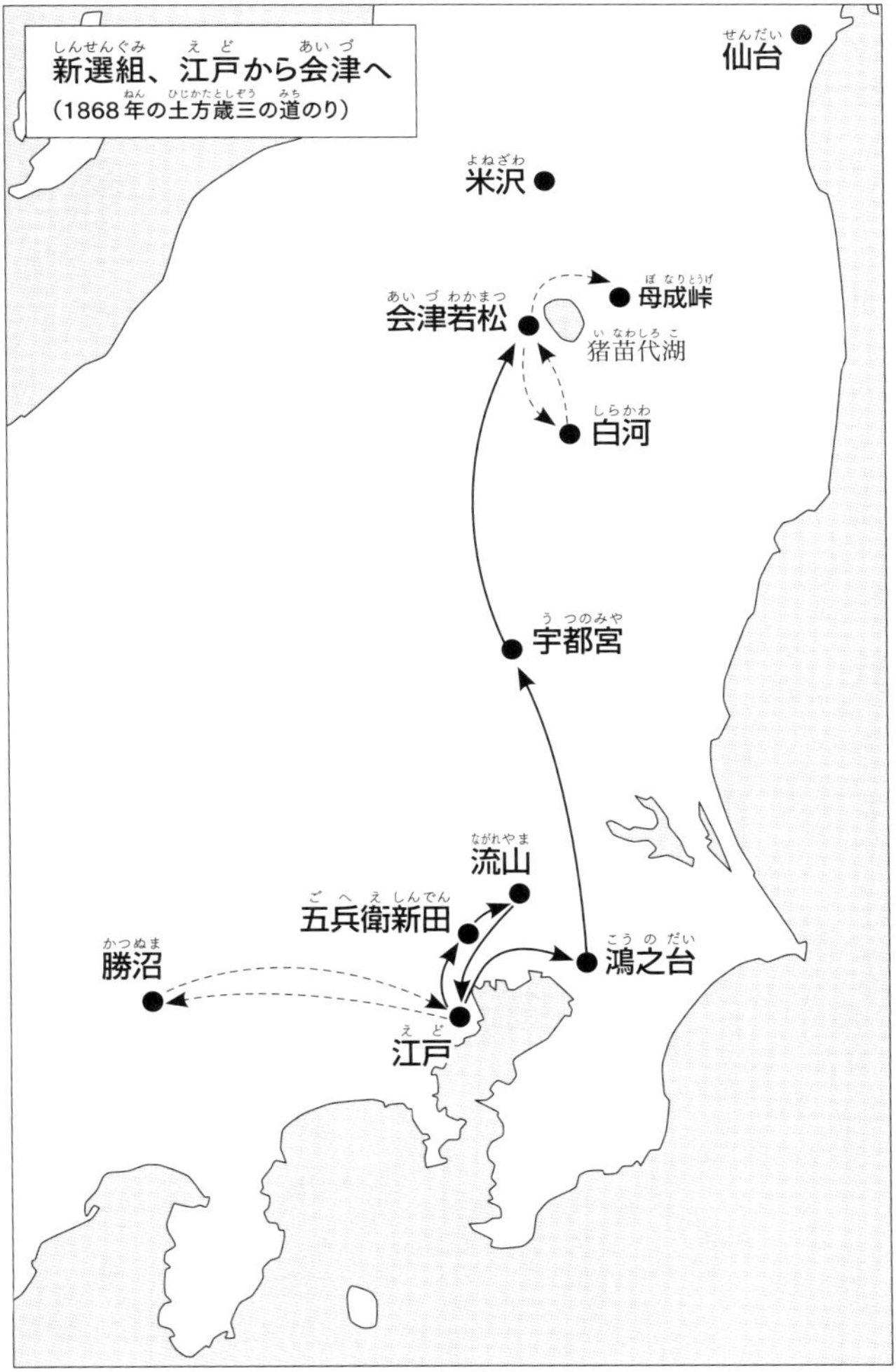
新選組《しんせんぐみ》、江戸《えど》から会津《あいづ》へ
(1868年《ねん》の土方歳三《ひじかたとしぞう》の道《みち》のり)
仙台《せんだい》
米沢《よねざわ》
母成峠《ぼなりとうげ》
会津若松《あいづわかまつ》
猪苗代湖《いなわしろこ》
白河《しらかわ》
宇都宮《うつのみや》
流山《ながれやま》
五兵衛新田《ごへえしんでん》
勝沼《かつぬま》
鴻之台《こうのだい》
江戸《えど》

めた二十数人《すうにん》を引《ひ》きつれて会津若松《あいづわかまつ》に向《む》かって出立《しゅったつ》していた。

なぜ会津若松《あいづわかまつ》をめざすのか。

かつて京都守護職《きょうとしゅごしょく》をつとめた松平容保《まつだいらかたもり》がいるからだが、それだけではない。会津藩《あいづはん》だけでなく、庄内藩《しょうないはん》、仙台藩《せんだいはん》をはじめとする佐幕派《さばくは》の藩《はん》がまとまって、新政府軍《しんせいふぐん》に対《たい》抗《こう》しようとする動《うご》きがあるからだ（のち長岡藩《ながおかはん》もくわわって、奥羽越列藩同盟《おううえつれっぱんどうめい》が結成《けっせい》される）。

ちょうどこの日《ひ》、高輪《たかなわ》の薩摩藩下屋敷《さつまはんしもやしき》では、旧幕府側《きゅうばくふがわ》の勝海舟《かつかいしゅう》と、新政府側《しんせいふがわ》の東征《とうせい》大総督府下参謀《だいそうとくふしもさんぼう》の西郷隆盛《さいごうたかもり》により「江戸無血開城《えどむけつかいじょう》」について談判《だんぱん》が行《おこな》われていた。

翌《よく》14日《か》には、「大久保剛《おおくぼたけし》」あらため「大久保大和《おおくぼやまと》」を名乗《なの》っていた勇《いさみ》ら、15日《にち》には甲陽鎮撫隊《こうようちんぶたい》のときのまま「内藤隼人《ないとうはやと》」を名乗《なの》っていた歳三《としぞう》ら、最終的《さいしゅうてき》には227人《にん》にふくれあがった隊士《たいし》たちが五兵衛新田《ごへえしんでん》にやってきた。多《おお》くは新《あら》たに募集《ぼしゅう》した隊士《たいし》だった。

母屋《おもや》に入《はい》りきれず、近所《きんじょ》の家《いえ》や寺《てら》にも泊《と》まらなければならなかった。

隊士《たいし》たちは、周囲《しゅうい》が田《た》んぼなのをいいことに、大砲《たいほう》を撃《う》つ練習《れんしゅう》などをして、村《むら》の人《ひと》びとをこわがらせた。

「いつまでもいては、村《むら》の人《ひと》びとの迷惑《めいわく》になるな。」

勇《いさみ》が腕組《うでぐ》みをすると、歳三《としぞう》が聞《き》いた。

「どうします。」

「松本先生《まつもとせんせい》に相談《そうだん》しよう。」

勇《いさみ》から相談《そうだん》する手紙《てがみ》を受《う》けとった松本《まつもと》が動《うご》いてくれた。

「近藤《こんどう》さん、陸軍奉行並《りくぐんぶぎょうなみ》の松平太郎殿《まつだいらたろうどの》は『移動《いどう》は見合《みあ》わせろ。』とのこと。おそらく松平殿《まつだいらどの》は、勝海舟殿《かつかいしゅうどの》に相談《そうだん》されたのでしょうな。」

「しかし、なにゆえ動《うご》いてはいけないのです。」

勇《いさみ》が聞《き》くと、松本《まつもと》が小声《こごえ》で言《い》った。

「新選組《しんせんぐみ》のみなさんの動《うご》きを、幕府《ばくふ》もおさえておきたいのですよ。」

となりで聞《き》いていた歳三《としぞう》が、ひくい声《こえ》で言《い》った。

「つまり見張《みは》られているわけか。」

「まあまあ。」

勇《いさみ》は、歳三《としぞう》を制《せい》した。

だが、このとき勇《いさみ》は心《こころ》に決《き》めていた。

（いくら幕府《ばくふ》の命令《めいれい》とはいえ、いつまでもここにいては迷惑《めいわく》になる……。）

4月《がつ》に入《はい》ったとたん、勇《いさみ》は隊士《たいし》226人《にん》をつれて移動《いどう》することにした。そのとき、金子家《かねこけ》に5両《りょう》と自分《じぶん》の写真《しゃしん》をわたした。感謝《かんしゃ》のつもりだった。

実際《じっさい》、金子家《かねこけ》が半月間《はんつきかん》に負担《ふたん》した食事代《しょくじだい》などは342両《りょう》にのぼったというから、5両《りょう》は雀《すずめ》のなみだだった。

新選組《しんせんぐみ》が立《た》ちさったあと、新政府軍《しんせいふぐん》が金子家《かねこけ》の主人《しゅじん》を尋問《じんもん》した。

――「賊軍《ぞくぐん》をかくまっていただろう。」

――「大久保大和《おおくぼやまと》さまは、そんな悪《わる》い人《ひと》ではございませんでしたが。去《さ》りぎわに写真《しゃしん》もくれましたし。」

その写真《しゃしん》を見《み》た新政府軍《しんせいふぐん》はあわてた。

――「これは！　新選組《しんせんぐみ》の近藤勇《こんどういさみ》ではないか！」

勇《いさみ》は、みずからの手配写真《てはいしゃしん》をおいていってしまったのだ。

隊士《たいし》たちが移動《いどう》したのは、江戸川《えどがわ》をこえた下総《しもうさ》の国《くに》（千葉県《ちばけん》）の流山《ながれやま》だった。味噌《みそ》醸造元《じょうぞうもと》「長岡屋《ながおかや》」を屯所《とんしょ》とし、近《ちか》くの寺《てら》にも隊士《たいし》たちを入《い》れた。

そのわずか2日後《ふつかご》の4月3日《がつみっか》の昼間《ひるま》、長岡屋《ながおかや》が新政府軍《しんせいふぐん》に包囲《ほうい》された。

歳三《としぞう》が出《で》た。

「われわれは官軍《かんぐん》に属《ぞく》する分隊《ぶんたい》です。いつでも加勢《かせい》できるよう、部下《ぶか》に訓練《くんれん》をしているところです。」

「その必要《ひつよう》はない。いますぐ部隊《ぶたい》を解散《かいさん》し、武装解除《ぶそうかいじょ》せよ。」

「わかりました。」

歳三《としぞう》は、大砲《たいほう》3門《もん》と小銃《しょうじゅう》118ちょうを提出《ていしゅつ》した。

「そなた、名《な》は。」

「内藤隼人《ないとうはやと》と申《もう》す。」

「上官《じょうかん》を、これへ。」

勇《いさみ》がよばれた。

「大久保大和《おおくぼやまと》と申《もう》す。」

「官軍《かんぐん》の分隊《ぶんたい》なら、いますぐ出頭《しゅっとう》せよ。」

「準備《じゅんび》しますゆえ、しばし猶予《ゆうよ》を。」

長岡屋《ながおかや》2階《かい》の座敷《ざしき》にもどった勇《いさみ》は、歳三《としぞう》に向《む》かって言《い》った。

「このままだと、わたしが近藤勇《こんどういさみ》だとばれる。」

「近藤《こんどう》さん、どうするつもりです。」

はじめは「幕府《ばくふ》が正義《せいぎ》」と信《しん》じてうたがわなかった勇《いさみ》だが、これだけ新政府軍《しんせいふぐん》におされてしまっていると、いまはゆるぎはじめている。

「薩長《さっちょう》からすれば、あっちは官軍《かんぐん》、こちらは賊軍《ぞくぐん》。ばれればただではすむまい。」

しばしだまっていた勇《いさみ》は、ぼそりと言《い》った。

「とらえられるくらいなら切腹《せっぷく》する。」

歳三《としぞう》が怒《いか》りをあらわにした。

「ここで切腹《せっぷく》するのは犬死《いぬじ》にするようなもんです。」

「しかし……。」

「ここは、運《うん》を天《てん》にまかせて、いったん出頭《しゅっとう》し、ウソでも敵意《てきい》のないことを主張《しゅちょう》してはどうです？　大久保大和《おおくぼやまと》でおしとおすのです。そして釈放《しゃくほう》させるのです。釈放《しゃくほう》されれば、また薩長《さっちょう》とたたかえます。」

このとき、勇《いさみ》も歳三《としぞう》も正体《しょうたい》がばれていることに気《き》づいていなかった。新政府軍《しんせいふぐん》のなかに、京都《きょうと》で近藤勇《こんどういさみ》を見《み》た者《もの》がいて、あの写真《しゃしん》を見《み》て、五兵衛新田《ごへえしんでん》から流山《ながれやま》にうつった者《もの》が近藤勇《こんどういさみ》だと、たしかめていたのだ。

勇《いさみ》は、うなずいた。

「わかった、大久保大和《おおくぼやまと》として出頭《しゅっとう》する。」

この4月3日《がつみっか》の夜《よる》、つきそいのふたりといっしょに長岡屋《ながおかや》を出《で》た勇《いさみ》は、越谷宿《こしがやじゅく》で新《しん》政府軍《せいふぐん》に出頭《しゅっとう》した。

板橋《いたばし》の新政府軍本営《しんせいふぐんほんえい》では、護送《ごそう》されてきた「大久保大和《おおくぼやまと》」が、ほんとうに近藤勇《こんどういさみ》かどうかをあらためてたしかめる必要《ひつよう》があったのだろう。高台寺党《こうだいじとう》の生《い》き残《のこ》りで、いまは新政府軍《しんせいふぐん》に身《み》を投《とう》じている者《もの》に面通《めんとお》しをさせた。

高台寺党《こうだいじとう》の生《い》き残《のこ》りの者《もの》は障子《しょうじ》の穴《あな》からこっそりのぞきこみ、「大久保大和《おおくぼやまと》」が近《こん》藤勇《どういさみ》と確認《かくにん》する。尋問者《じんもんしゃ》は腰《こし》の大小《だいしょう》を外《はず》したうえで部屋《へや》に入《はい》り、勇《いさみ》の前《まえ》に立《た》って声《こえ》をかけた。

「大久保大和《おおくぼやまと》。——いや、近藤勇《こんどういさみ》。」

勇《いさみ》の顔色《かおいろ》がかわった。

あらためて尋問《じんもん》が始《はじ》まった。

土佐藩出身《とさはんしゅっしん》の谷干城《たにたてき》はきびしくせまった。

「近藤《こんどう》！　わが土佐藩《とさはん》の坂本龍馬《さかもとりょうま》を斬《き》ったのであろう！」

むろん、勇《いさみ》は否定《ひてい》した。

谷《たに》の尋問《じんもん》はつづいた。

「甲陽鎮撫隊《こうようちんぶたい》、新選組《しんせんぐみ》の陰《かげ》には、勝海舟《かつかいしゅう》がいたのではないか！」

勇《いさみ》は、これも否定《ひてい》した。

「甲州《こうしゅう》に出陣《しゅつじん》したのは、薩長《さっちょう》、いや、官軍《かんぐん》が通行《つうこう》されるにあたり、旧幕府軍《きゅうばくふぐん》が抵抗《ていこう》するのを鎮撫《ちんぶ》するため。いくさになったのは部下《ぶか》が暴発《ぼうはつ》したため。五兵衛新田《ごへえしんでん》でも流山《ながれやま》でも反抗《はんこう》するつもりはございませんでした。」

「おのれ！　拷問《ごうもん》にかけてしまえ！」

谷《たに》は興奮《こうふん》したが、周囲《しゅうい》の者《もの》におさえられて拷問《ごうもん》だけは止《と》められた。


勇《いさみ》が、板橋《いたばし》にある新政府軍本営《しんせいふぐんほんえい》に送《おく》られることがわかると、つきそいのふたりは流《ながれ》山《やま》に引《ひ》きかえした。

板橋《いたばし》に護送《ごそう》されたことを知《し》った歳三《としぞう》は、江戸《えど》に潜入《せんにゅう》し、勝海舟《かつかいしゅう》と大久保一翁《おおくぼいちおう》のもとをたずねて、勇《いさみ》の助命嘆願《じょめいたんがん》をはたらきかけた。

だが、海舟《かいしゅう》、一翁《いちおう》の助命嘆願書《じょめいたんがんしょ》を板橋《いたばし》にとどけようとした者《もの》が新政府軍《しんせいふぐん》にとらえられてしまったのだ。

江戸《えど》には、新政府軍《しんせいふぐん》がぞくぞくと入《はい》ってきていた。

（もはや、おれにできることはないのか……。近藤《こんどう》さんが死《し》ぬようなことがあったら、おれも武士《ぶし》らしく腹《はら》を切《き》るか……。）

そこまで考《かんが》えた歳三《としぞう》だったが、体《からだ》のなかから熱《あつ》いものがこみあげてきた。

（近藤《こんどう》さんもおれも、ずっとあこがれてきた武士《ぶし》の頂点《ちょうてん》に立《た》つお上《かみ》、将軍《しょうぐん》さまのために、世《よ》のなかをひっくり返《かえ》そうとさわぐ薩長《さっちょう》のやつらとたたかってきた。あのころは帝《みかど》や朝廷《ちょうてい》も、幕府《ばくふ》やおれたちに「この国《くに》をまとめてほしい。」とたよりにしていた。

それなのに、いつのまにか薩長《さっちょう》のやつらは官軍《かんぐん》となり、お上《かみ》は大坂《おおざか》から江戸《えど》ににげかえり、上野《うえの》の寛永寺《かんえいじ》に閉《と》じこもってしまった。だれも本気《ほんき》で官軍《かんぐん》とたたかおうとしない。だったら、おれは、新選組最後《しんせんぐみさいご》のひとりになろうとも、幕臣最後《ばくしんさいご》のひとりになろうとも、たたかってやる。最後《さいご》の最後《さいご》までたたかって武士《ぶし》の意地《いじ》を見《み》せてやる。近藤《こんどう》さんのためにも、たたかいぬく！）

歳三《としぞう》は、旧幕府軍《きゅうばくふぐん》と合流《ごうりゅう》し、新政府軍《しんせいふぐん》とたたかいながら、斎藤一《さいとうはじめ》らがいる会津若松《あいづわかまつ》をめざすことを決《き》めた。

勇《いさみ》はというと、新政府軍《しんせいふぐん》の東山道先鋒総督府《とうさんどうせんぽうそうとくふ》が板橋《いたばし》から北《きた》へ移動《いどう》することになったなか、その板橋《いたばし》で処刑《しょけい》されることになった。武士《ぶし》としてプライドを保《たも》てる切腹《せっぷく》ではなく、斬首《ざんしゅ》だった。

慶応《けいおう》４（１８６８）年《ねん》４月《がつ》25日《にち》のことだ。

夜中《よなか》まで雨《あめ》がふっていたが、朝《あさ》から晴《は》れあがっていた。

勇《いさみ》は、斬首《ざんしゅ》する役目《やくめ》を負《お》った神道無念流《しんとうむねんりゅう》の使《つか》い手《て》、横倉喜三次《よこくらきそうじ》に刀《かたな》を贈《おく》ったという。

白装束《しろしょうぞく》に身《み》をつつんだ勇《いさみ》は、処刑場《しょけいじょう》に正座《せいざ》。斬首《ざんしゅ》しやすいように、前《まえ》かがみになった。

浪士組《ろうしぐみ》に応募《おうぼ》し、江戸《えど》を発《た》ったのは文久《ぶんきゅう》3（1863）年《ねん》2月《がつ》のことだった。あれからまだ5年《ねん》と2か月《げつ》しかたっていない。長《なが》く感《かん》じるのは、充実《じゅうじつ》した日々《ひび》を送《おく》っていた証拠《しょうこ》だ。

勇《いさみ》の脳裏《のうり》に、新選組《しんせんぐみ》の仲間《なかま》たちの顔《かお》がつぎつぎにうかんでは消《き》えた。ことに江戸《えど》からずっといっしょだった者《もの》たち……。

井上源三郎《いのうえげんざぶろう》は、鳥羽《とば》・伏見《ふしみ》の戦《たたか》いで散《ち》った。

山南敬助《やまなみけいすけ》は、隊規《たいき》にそむいて切腹《せっぷく》。

藤堂平助《とうどうへいすけ》は、油小路《あぶらのこうじ》でたおれた。

土方歳三《ひじかたとしぞう》は、旧幕府《きゅうばくふ》のために身《み》を粉《こ》にしてたたかっていくことだろう。

沖田総司《おきたそうじ》は、病《やまい》にふしているが、だいじょうぶだろうか……。

（みなのおかげで、晴《は》れて武士《ぶし》になれた。幕臣《ばくしん》になれた。これ以上《いじょう》ないほど充実《じゅうじつ》した日々《ひび》を送《おく》ることができた。おのれを信《しん》じてたたかうことができた。ありがとう……。）

日野《ひの》で隊《たい》からはなれ、浅草《あさくさ》の松本良順《まつもとりょうじゅん》のもとで治療《ちりょう》を受《う》けていた沖田総司《おきたそうじ》は、勇《いさみ》が処刑場《しょけいじょう》の露《つゆ》と消《き》える2か月《げつ》近《ちか》くまえの2月末《がつすえ》、千駄ヶ谷《せんだがや》の植木屋《うえきや》のはなれ座敷《ざしき》に引《ひ》っこし、しばらく静《しず》かにくらしていた。

死《し》の直前《ちょくぜん》、こんな話《はなし》がのこっている。

総司《そうじ》が縁側《えんがわ》にすわって、ぼんやり庭《にわ》をながめていたとき。

庭《にわ》に1匹《ぴき》の黒猫《くろねこ》が姿《すがた》をあらわした。

「いやな面《つら》をしてやがる。斬《き》ってやる。」

総司《そうじ》は、刀《かたな》を手《て》に立《た》ちあがった。くちびるは紫色《むらさきいろ》、目《め》の下《した》にはくまができていた。息《いき》も荒《あら》かった。

あと2尺《しゃく》(約《やく》60センチメートル)まで近《ちか》づいたところで、猫《ねこ》がひょいとふりかえる。

「ばあさん、斬《き》れない。斬《き》れないよ。」

ばあさんというのは、つきそいの老婆《ろうば》のことだ。

黒猫《くろねこ》は走《はし》りさっていく。

次《つぎ》の日《ひ》も同《おな》じことをくりかえし、亡《な》くなる3日《みっか》まえのこと。

「ばあさん、あの黒《くろ》い猫《ねこ》は来《き》てるだろうなあ。」

これが最後《さいご》の言葉《ことば》だった。

(近藤《こんどう》さん、土方《ひじかた》さん、みんな、おれは自分《じぶん》の剣《けん》を信《しん》じてたたかうことができましたよ。楽《たの》しかった、楽《たの》しかったなあ……。)

総司《そうじ》は、勇《いさみ》の死《し》を知《し》らないまま、5月《がつ》30日《にち》、肺《はい》の病《やまい》で息《いき》を引《ひ》きとった。

新選組《しんせんぐみ》、北《きた》へ

江戸城《えどじょう》が新政府軍《しんせいふぐん》に明《あ》けわたされたのと同《おな》じ4月《がつ》11日《にち》、土方歳三《ひじかたとしぞう》ら7人《にん》の新選組隊士《しんせんぐみたいし》は鴻之台《こうのだい》(千葉県市川市国府台《ちばけんいちかわしこうのだい》)にいる旧幕府軍《きゅうばくふぐん》に合流《ごうりゅう》していた。

翌《よく》12日《にち》、旧幕府軍《きゅうばくふぐん》の軍議《ぐんぎ》が開《ひら》かれ、総督《そうとく》には大鳥圭介《おおとりけいすけ》がえらばれ、歳三《としぞう》は先鋒軍《せんぽうぐん》を指揮《しき》する会津藩士《あいづはんし》秋月登之助《あきづきのぼりのすけ》の相談《そうだん》を受《う》ける参謀《さんぼう》となった。

先鋒軍《せんぽうぐん》は、12日《にち》のうちに鴻之台《こうのだい》を発《た》ち、手賀沼《てがぬま》、印旛沼方面《いんばぬまほうめん》から、下妻藩《しもつまはん》（茨城県《いばらきけん》下妻市《しもつまし》）、下館藩《しもだてはん》（茨城県筑西市《いばらきけんちくせいし》）、さらに宇都宮方面《うつのみやほうめん》へと軍《ぐん》を進《すす》めていった。

宇都宮城《うつのみやじょう》をせめるさい、歳三《としぞう》は、旧幕府軍先鋒隊《きゅうばくふぐんせんぽうたい》のうち、桑名藩隊《くわなはんたい》をひきいるリーダーとなっていた。ひきいる相手《あいて》がちがっても、歳三《としぞう》の生《い》き方《かた》はきびしかった。刃《やいば》を交《まじ》える白兵戦《はくへいせん》になったとき、敵《てき》をおそれてにげだそうとする味方《みかた》の兵《へい》をたたき斬《き》った。

「にげた者《もの》は斬《き》る！　進《すす》め、進《すす》め！」

歳三《としぞう》は、檄《げき》をとばしつづけた。

（おまえがにげれば、ほかの者《もの》もにげたくなる。総《そう》くずれになるのだ！）

いくさには勝利《しょうり》したが、敵兵《てきへい》が火《ひ》をつけたため宇都宮城《うつのみやじょう》に入《はい》ることができなかった。

翌々日《よくよくじつ》、仲間《なかま》が到着《とうちゃく》したので消火《しょうか》しながら入城《にゅうじょう》。宇都宮城《うつのみやじょう》を拠点《きょてん》に、さらに兵《へい》を進《すす》めたが反撃《はんげき》にあって退却《たいきゃく》。そこへ新政府軍《しんせいふぐん》が総攻撃《そうこうげき》をかけてきた。

ドーン！

（あの音《おと》は……大砲《たいほう》……。）

薩摩藩《さつまはん》が、持《も》ちこんだ大砲《たいほう》の弾《たま》を宇都宮城《うつのみやじょう》に撃《う》ちこみはじめたのだ。

瓦屋根《かわらやね》がわれ、天井《てんじょう》が撃《う》ちぬかれ、大《おお》きな鉄《てつ》の弾《たま》が落《お》ちてくる。

「にげろ！　そっちじゃない！　こっちだ！」

仲間《なかま》の命《いのち》を助《たす》けているうちに——。

「うっ！」

歳三《としぞう》は足《あし》の指《ゆび》に激痛《げきつう》をおぼえた。ブーツの上《うえ》に、なにか落《お》ちてきたらしい。

歳三《としぞう》だけでなく、指揮官《しきかん》の秋月登之助《あきづきのぼりのすけ》も負傷《ふしょう》。先鋒軍《せんぽうぐん》の指揮官《しきかん》と参謀《さんぼう》が現場《げんば》からはなれることになってしまった。

近藤勇《こんどういさみ》が板橋《いたばし》で斬首《ざんしゅ》される前日《ぜんじつ》の4月《がつ》24日《か》、歳三《としぞう》は、宇都宮城《うつのみやじょう》を攻撃《こうげき》するときに斬《き》ってしまった味方《みかた》の墓《はか》をたてる手配《てはい》をした。

このあと旧幕府軍《きゅうばくふぐん》は日光《にっこう》へ敗走《はいそう》、歳三《としぞう》は戦線《せんせん》を離脱《りだつ》して、斎藤一《さいとうはじめ》らがいる会津若松《あいづわかまつ》をめざした。
「土方《ひじかた》さん、生《い》きておられましたか。」
斎藤一《さいとうはじめ》が、歳三《としぞう》に言《い》った。
ひさしぶりの再会《さいかい》だった。
斎藤《さいとう》の顔《かお》がくもった。
「風《かぜ》のうわさで聞《き》きましたが、近藤《こんどう》さんが亡《な》くなられたとか……。」
（やはりな……。）
会津若松《あいづわかまつ》の七日町《なのかまち》の旅籠《はたご》「清水屋《しみずや》」で、生《い》きのこった新選組隊士《しんせんぐみたいし》が顔《かお》をそろえたのだ。
さらに会津藩《あいづはん》より、新選組《しんせんぐみ》の屯所《とんしょ》として天寧寺《てんねいじ》があたえられた。
歳三《としぞう》の足《あし》の傷《きず》の治療《ちりょう》は、旧幕府軍《きゅうばくふぐん》の松本良順《まつもとりょうじゅん》があたってくれた。
歳三《としぞう》は、斎藤《さいとう》に言《い》った。

「敗走《はいそう》してきて、再会《さいかい》をよろこんでいるようでは、まだまだ、おれもあまちゃんだな。」

ほかの隊士《たいし》がわらっている。

歳三《としぞう》は、苦笑《にがわら》いした。

「京都《きょうと》にいたころ、試衛館《しえいかん》の仲間《なかま》以外《いがい》、おれの周囲《しゅうい》でわらう者《もの》はいなかったのにな。」

斎藤《さいとう》が遠慮《えんりょ》ぎみに言《い》う。

「土方《ひじかた》さん、おれでもこわかったですから。」

「そうか……。」

一度間《いちどま》をおいてから、歳三《としぞう》は斎藤《さいとう》に言《い》った。

「斎藤《さいとう》、このとおり、おれは足《あし》を負傷《ふしょう》している。このあとのいくさは、おまえが先頭《せんとう》に立《た》ってくれ。」

「わかりました。」

「会津藩《あいづはん》が最後《さいご》の砦《とりで》と思《おも》ってたたかえ。鳥羽《とば》・伏見《ふしみ》の戦《たたか》いのころも、同《おな》じ佐幕派《さばくは》と思《おも》っていた藩《はん》がつぎつぎとうらぎった。奥羽越列藩同盟《おううえつれっぱんどうめい》も一枚岩《いちまいいわ》ではない。最後《さいご》まで油断《ゆだん》するな。」

翌閏《よくうるう》4月5日《がついつか》、白河方面《しらかわほうめん》へ出動命令《しゅつどうめいれい》がくだり、斎藤一《さいとうはじめ》が隊長《たいちょう》となって出発《しゅっぱつ》した。旧幕府軍《きゅうばくふぐん》は新政府軍《しんせいふぐん》に白河関《しらかわぜき》をこえさすまいと奮戦《ふんせん》したが、つぎつぎに敗走《はいそう》することになった。

6月末《がつすえ》になって歳三《としぞう》が現場《げんば》に復帰《ふっき》したが、周囲《しゅうい》にある二本松城《にほんまつじょう》などの旧幕府軍《きゅうばくふぐん》の城《しろ》もつぎつぎ落《お》とされ、事実上《じじつじょう》、会津城《あいづじょう》は孤立《こりつ》してしまった。

8月半《がつなか》ば、会津城総攻撃命令《あいづじょうそうこうげきめいれい》が決定《けってい》する。

歳三《としぞう》、斎藤《さいとう》ひきいる新選組《しんせんぐみ》は、会津若松《あいづわかまつ》への入《い》り口《ぐち》となる母成峠《ぼなりとうげ》を死守《ししゅ》するため出《しゅつ》動《どう》したが、新政府軍約《しんせいふぐんやく》3000兵《へい》に対《たい》し、旧幕府軍《きゅうばくふぐん》はわずか800あまり。そのうえ、大砲《たいほう》、銃器《じゅうき》におされて、またも敗走《はいそう》する。

「退却《たいきゃく》！ 城下町《じょうかまち》にもどるぞ！」

城下町《じょうかまち》にもどる途中《とちゅう》、苦戦《くせん》するなかで歳三《としぞう》は斎藤《さいとう》に言《い》った。

「おれは幕府軍《ばくふぐん》の参謀《さんぼう》の仕事《しごと》をしなければならない。庄内藩《しょうないはん》に援軍《えんぐん》をたのみにいく。」

「わかりました。おれは会津《あいづ》を守《まも》ります。会津《あいづ》のことはまかせてください。──道中《どうちゅう》、お気《き》をつけて。」

「斎藤《さいとう》もな。みなをたのむ。──死《し》ぬなよ。」

母成峠《ぼなりとうげ》の戦《たたか》いのあと、新選組《しんせんぐみ》は完全《かんぜん》に四散《しさん》してしまった。

20人《にん》ほどになった本隊《ほんたい》をひきいた斎藤《さいとう》は如来堂《にょらいどう》（会津若松市神指町如来堂《あいづわかまつしこうざしまちにょらいどう》）に布陣《ふじん》していたが、9月5日《がついつか》、新政府軍《しんせいふぐん》の襲撃《しゅうげき》を受《う》けて激戦《げきせん》となり、多《おお》くが討《う》ち死《じ》に。斎藤《さいとう》ほか数人《すうにん》だけが生《い》きのこった。

斎藤《さいとう》らが如来堂《にょらいどう》でたたかっていた前々日《ぜんぜんじつ》の9月3日《がつみっか》、米沢藩《よねざわはん》（山形県米沢市《やまがたけんよねざわし》）の寝返《ねがえ》りで庄内《しょうない》に入《はい》れずあちこちを転々《てんてん》としていた歳三《としぞう》は仙台《せんだい》にいて、仙台藩《せんだいはん》を中心《ちゅうしん》とする奥羽越列藩同盟《おううえつれっぱんどうめい》の軍議《ぐんぎ》に参加《さんか》していた。

そこには、新政府軍《しんせいふぐん》への軍艦《ぐんかん》引《ひ》きわたしを拒否《きょひ》し、開陽丸《かいようまる》、回天丸《かいてんまる》、蟠竜丸《ばんりゅうまる》、千代田丸《ちよだまる》、長鯨丸《ちょうげいまる》、神速丸《しんそくまる》、三嘉保丸《みかほまる》、咸臨丸《かんりんまる》の8隻《せき》をひきいて品川沖《しながわおき》を出港《しゅっこう》してきた榎本武揚《えのもとたけあき》らの姿《すがた》もあった。8隻《せき》のうち三嘉保丸《みかほまる》と咸臨丸《かんりんまる》は嵐《あらし》でうしなっていた。

だが仙台藩《せんだいはん》が新政府軍《しんせいふぐん》にわびを入《い》れることになって、新政府軍《しんせいふぐん》に抵抗《ていこう》をつづけていた奥羽越列藩同盟《おううえつれっぱんどうめい》は崩壊《ほうかい》してしまう。

榎本《えのもと》が、歳三《としぞう》に声《こえ》をかけてきた。

「あなたが、新選組《しんせんぐみ》の土方歳三殿《ひじかたとしぞうどの》か。」

「もはや新選組《しんせんぐみ》はないに等《ひと》しいですが。」

「仙台藩《せんだいはん》は薩長《さっちょう》にわびを入《い》れました。会津藩《あいづはん》はどうなりましょう。」

「抵抗《ていこう》をつづけるでしょうが……。」

「が？」

「容保公《かたもりこう》には申《もう》しわけないが、援軍《えんぐん》をのぞめないいま、どう希望《きぼう》をもって見積《みつ》もっても、薩長《さっちょう》の攻撃《こうげき》にもちこたえるのは、むずかしいかもしれません。」

「拙者《せっしゃ》も、そう思《おも》います。——土方《ひじかた》さんは、これから、どうされます。薩長《さっちょう》にわびを入《い》れますか。」

「まさか。幕府《ばくふ》をたおし、お上《かみ》を反逆者《はんぎゃくしゃ》あつかいにした薩長《さっちょう》のもとではたらく気《き》など、さらさらない。近藤《こんどう》さんをうらぎることになる。」

「ならば、拙者《せっしゃ》とともにたたかってくださいますか。」

「もちろん。」

「もう、この仙台《せんだい》にいるわけにもいかないゆえ……。」

榎本《えのもと》は思《おも》いがけないことを口《くち》にした。

「蝦夷地《えぞち》(現在《げんざい》の北海道《ほっかいどう》)にわたるつもりです。」

「そこでなにを。」

「理想《りそう》の国《くに》をつくります。」

「理想《りそう》の国《くに》……。」

「そうです。」

歳三《としぞう》は、榎本《えのもと》の目《め》をまっすぐに見《み》て、聞《き》いた。

「そこでは、みな、武士《ぶし》ですか。」

「もちろん。」

「薩長《さっちょう》どもは蝦夷《えぞ》まで……。」

「追《お》ってきましょうな。覚悟《かくご》のうえです。」

「榎本《えのもと》さん、おれは最後《さいご》までたたかいたい。武士《ぶし》としてたたかって死《し》にたい。」

「最後《さいご》までたたかおうという気持《きも》ちは、土方《ひじかた》さんといっしょです。」

「ならば、ぜひ、ごいっしょさせてください。」

「それはたのもしい。実戦経験豊富《じっせんけいけんほうふ》な土方《ひじかた》さんがいてくだされば百人力《ひゃくにんりき》だ。」

「では、さっそく、兵《へい》となる隊士《たいし》を募集《ぼしゅう》せねば。」

「おねがいします。」

歳三《としぞう》は、欧米人《おうべいじん》がするように、榎本《えのもと》とかたい握手《あくしゅ》をかわした。

9月《がつ》に入《はい》って元号《げんごう》がかわり、歳三《としぞう》が予見《よけん》したとおり、会津藩《あいづはん》が降伏《こうふく》（9月《がつ》22日《にち》）してから20日後《はつかご》の明治《めいじ》1（1868）年《ねん》10月《がつ》12日《にち》。

旧幕府軍約《きゅうばくふぐんやく》3000人《にん》を乗《の》せた旧幕府艦隊《きゅうばくふかんたい》は蝦夷《えぞ》へ向《む》けて出航《しゅっこう》した。その中《なか》には、会津《あいづ》の激戦《げきせん》で新選組本隊《しんせんぐみほんたい》とばらばらになり、大鳥圭介軍《おおとりけいすけぐん》に合流《ごうりゅう》した新選組隊士《しんせんぐみたいし》たちもいた。

歳三《としぞう》が乗《の》ったのは、あとでくわわった軍艦大江丸《ぐんかんおおえまる》だった。

10月《がつ》19日《にち》、蝦夷《えぞ》に着《つ》くと、翌20日《よくはつか》、21日《にち》にかけてつぎつぎに上陸《じょうりく》。

旧幕府軍《きゅうばくふぐん》は、大鳥圭介軍《おおとりけいすけぐん》と土方歳三軍《ひじかたとしぞうぐん》に分《わ》かれ、途中《とちゅう》、弘前藩《ひろさきはん》（青森県弘前市《あおもりけんひろさきし》）や松前藩《まつまえはん》（北海道松前郡松前町《ほっかいどうまつまえぐんまつまえちょう》）などの新政府軍《しんせいふぐん》と衝突《しょうとつ》しながらも、26日《にち》に箱館五稜郭《はこだてごりょうかく》に入城《にゅうじょう》した。

五稜郭《ごりょうかく》に入《はい》った歳三《としぞう》は、すぐに動《うご》いた。蝦夷《えぞ》にある唯一《ゆいいつ》の藩《はん》、松前藩《まつまえはん》の松前城《まつまえじょう》を落《お》とすためだ。

松前城《まつまえじょう》はかたく籠城《ろうじょう》していた。

城門《じょうもん》をわずかに開《ひら》いては砲撃《ほうげき》をくわえてくる手段《しゅだん》をとっていた。

城《しろ》をせめる指揮官《しきかん》となった歳三《としぞう》は、部下《ぶか》に命《めい》じた。

「銃撃隊《じゅうげきたい》、城門前《じょうもんまえ》にならべ。」

「そんなことをしたら大砲《たいほう》の餌食《えじき》に……。」

「大砲《たいほう》を撃《う》つよりも、銃《じゅう》で撃《う》つほうが早《はや》い。砲手《ほうしゅ》を撃《う》つのだ。」

門《もん》が開《ひら》くと同時《どうじ》に、銃撃隊《じゅうげきたい》が発射《はっしゃ》。

ズキューン！

ズキューン！

立《た》てつづけに射撃《しゃげき》。砲手《ほうしゅ》とその周辺《しゅうへん》にいる者《もの》たちがたおれた。

「かかれ！」

歳三《としぞう》は、兵《へい》たちを一気《いっき》にせめいらせ、あっさりと城《しろ》をのっとることに成功《せいこう》する。

11月《がつ》5日《いつか》のことだった。

歳三《としぞう》は、逃走《とうそう》した松前藩兵《まつまえはんぺい》を江差《えさし》まで追《お》った。

旧幕府軍《きゅうばくふぐん》の軍艦《ぐんかん》開陽丸《かいようまる》の援護《えんご》を受《う》けながらはさみうちにして、かれらをやぶった。ところが暴風雨《ぼうふうう》のため、開陽丸《かいようまる》が江差沖《えさしおき》で座礁《ざしょう》、沈没《ちんぼつ》。救援《きゅうえん》にかけつけた神速丸《しんそくまる》も同《おな》じ運命《うんめい》をたどってしまった。

とはいえ、松前藩《まつまえはん》をやぶったことで、蝦夷島内《えぞとうない》から五稜郭《ごりょうかく》に攻撃《こうげき》を受《う》ける心配《しんぱい》はなくなった。

歳三《としぞう》が五稜郭《ごりょうかく》にもどったところで、榎本武揚《えのもとたけあき》が言《い》った。

「土方《ひじかた》さんが松前《まつまえ》に行《い》っているあいだに、この蝦夷《えぞ》を独立《どくりつ》させ、『蝦夷島政府《えぞとうせいふ》』とすることを決《き》めました。」

「やりましたな。」

「イギリス、フランスなどの軍艦《ぐんかん》をまねいて、独立《どくりつ》の承認《しょうにん》も得《え》ました。」

「さすがは榎本《えのもと》さん。」

「ついては西欧列強《せいおうれっきょう》のように、閣僚《かくりょう》を入札《にゅうさつ》（選挙《せんきょ》）で決《き》めたいと思《おも》うのですが、いかがでしょうか。」

「異論《いろん》はありません。」

選挙《せんきょ》の結果《けっか》――「蝦夷島政府《えぞとうせいふ》」の閣僚《かくりょう》が選出《せんしゅつ》された。

総裁《そうさい》は榎本武揚《えのもとたけあき》、副総裁《ふくそうさい》は松平太郎《まつだいらたろう》。

おもな閣僚《かくりょう》は、海軍奉行《かいぐんぶぎょう》が荒井郁之助《あらいいくのすけ》、陸軍奉行《りくぐんぶぎょう》が大鳥圭介《おおとりけいすけ》。

そして土方歳三《ひじかたとしぞう》は、陸軍奉行並《りくぐんぶぎょうなみ》、箱館市中取締裁判局頭取《はこだてしちゅうとりしまりさいばんきょくとうどり》となった。

しばらく「蝦夷島政府《えぞとうせいふ》」の拠点《きょてん》となっている五稜郭《ごりょうかく》は平和《へいわ》だった。

雪《ゆき》でとざされているため、新政府軍《しんせいふぐん》が荒波《あらなみ》のなか軍艦《ぐんかん》でわたることができたとしても、陸地《りくち》を進《すす》むことがむずかしいからだ。

新政府軍《しんせいふぐん》を海上《かいじょう》でむかえうつためには制海権《せいかいけん》をにぎる必要《ひつよう》があったが、松前《まつまえ》ぜめで開陽丸《かいようまる》と神速丸《しんそくまる》をうしなったのが痛手《いたで》だった。

そのため明治《めいじ》２（１８６９）年《ねん》3月《がつ》、新政府軍《しんせいふぐん》が保有《ほゆう》している鉄板《てっぱん》で覆《おお》った軍艦《ぐんかん》、甲鉄艦《こうてつかん》をのっとるため、歳三《としぞう》みずから回天丸《かいてんまる》に乗《の》りこみ、ほか２艦《かん》とともに宮古湾《みやこわん》まで出向《でむ》いたが、作戦《さくせん》に失敗《しっぱい》。多《おお》くの兵《へい》と軍艦《ぐんかん》１隻《せき》をうしなうことになった。

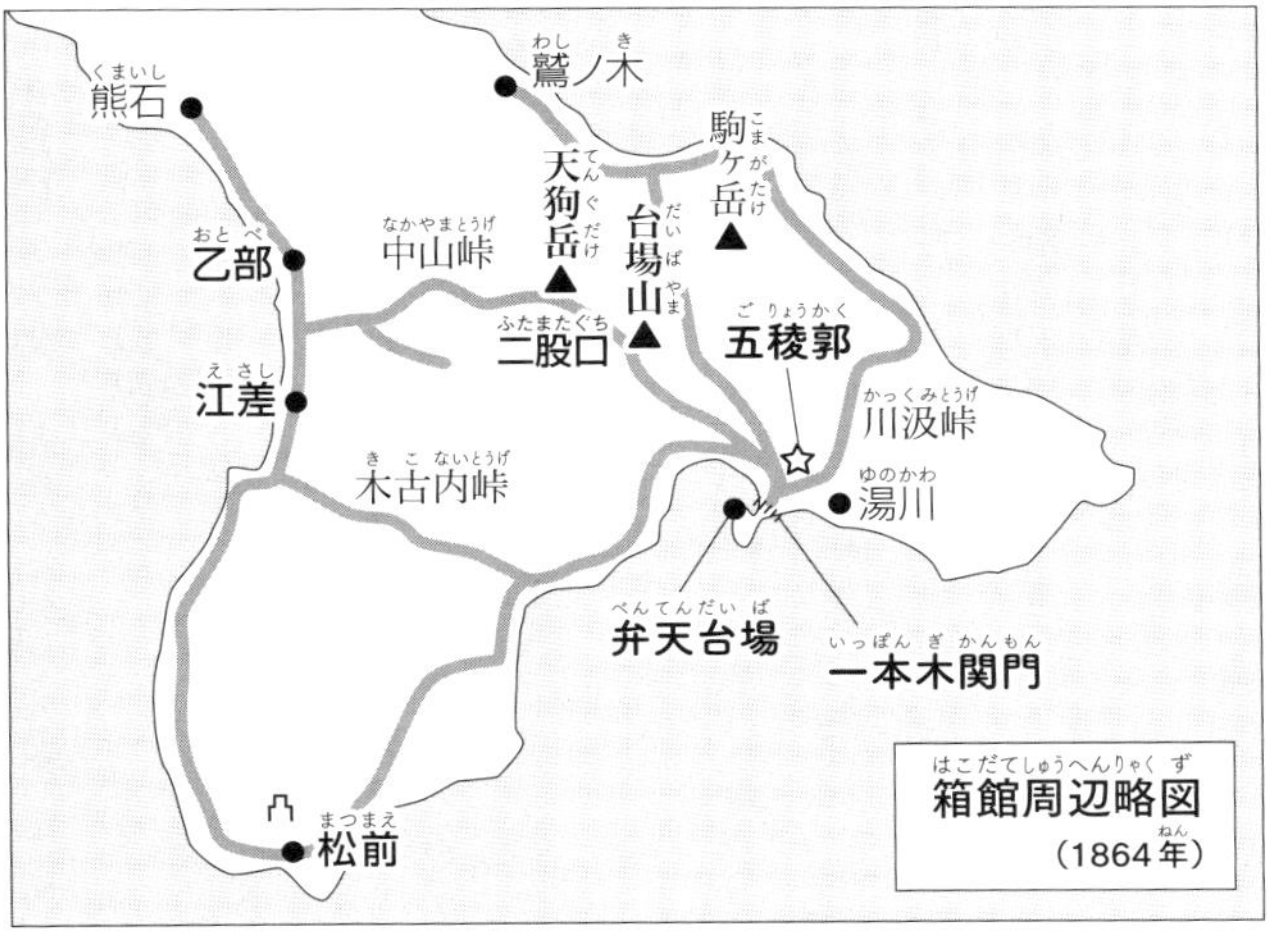

箱館周辺略図《はこだてしゅうへんりゃくず》
（1864年《ねん》）

そしてついに、雪解《ゆきど》けとなった4月《がつ》9日《ここのか》、新政府軍《しんせいふぐん》は江差《えさし》の北《きた》、乙部《おとべ》に上陸《じょうりく》した。

歳三《としぞう》は、新政府軍《しんせいふぐん》がせめいってきそうなルートのうちのひとつ、江差《えさし》から峠《とうげ》をこえて背後《はいご》の二股口《ふたまたぐち》から箱館市街《はこだてしがい》に入《はい》る二股口《ふたまたぐち》ルートをふさぐため、兵《へい》たちをひきいて出動《しゅつどう》。

さらに旧幕府《きゅうばくふ》に協力《きょうりょく》していた縁《えん》で、蝦夷島政府《えぞとうせいふ》の軍事指導《ぐんじしどう》をしているフランス人《じん》の指示《しじ》にしたがい、本陣《ほんじん》をおいた台場山《だいばやま》に砲台《ほうだい》、兵《へい》をかくす壕《ごう》などをきずき、さらに天狗岳《てんぐだけ》に前線基地《ぜんせんきち》をかまえた。

4月《がつ》13日午後《にちごご》、新政府軍《しんせいふぐん》が二股口《ふたまたぐち》に攻撃《こうげき》をかけてきた。

「退《さ》がれ！　退《さ》がれ！」

わずか2時間《じかん》ほどで、歳三《としぞう》は前線基地《ぜんせんきち》の天狗岳《てんぐだけ》を放棄《ほうき》し、兵《へい》たちを台場山《だいばやま》へ後退《こうたい》させた。

そのおかげで、切《き》りたった断崖《だんがい》と谷《たに》がつづくせまい道《みち》にさそいこむことに成功《せいこう》。地《ち》の利《り》をいかした土方軍《ひじかたぐん》は銃撃《じゅうげき》に成功《せいこう》する。だが……。

――「土方《ひじかた》さん！　雨《あめ》です！」

「みな、軍服《ぐんぷく》をぬいで銃《じゅう》、弾薬《だんやく》にかぶせろ！　雨《あめ》から守《まも》れ！」

土方軍《ひじかたぐん》と新政府軍《しんせいふぐん》の銃撃戦《じゅうげきせん》は翌《よく》14日朝《かあさ》まで、じつに16時間《じかん》もつづき、新政府軍《しんせいふぐん》は撤《てっ》退《たい》していった。土方軍《ひじかたぐん》の撃《う》った銃弾《じゅうだん》は2万《まん》5000発《ぱつ》とも3万《まん》5000発《ぱつ》ともいう。兵《へい》たちの顔《かお》は硝煙《しょうえん》ですすけていた。

4月《がつ》23日午後《にちごご》から25日《にち》にかけても銃撃戦《じゅうげきせん》がつづき、やはり新政府軍《しんせいふぐん》は撤退《てったい》。土方軍《ひじかたぐん》は、ひとり1000発《ぱつ》の弾《たま》を撃《う》ち、熱《あつ》くなった銃身《じゅうしん》を水《みず》でひやしながらの戦《たたか》いだったという。

だが、新政府軍《しんせいふぐん》が二股口以外《ふたまたぐちいがい》の、海岸《かいがん》ルート、山《やま》ごえルートでせめてきていた。

このままでは補給路《ほきゅうろ》が断《た》たれて孤立《こりつ》してしまうため、土方軍《ひじかたぐん》は箱館《はこだて》へ撤退《てったい》するしかなかった。

5月《がつ》11日未明《にちみめい》、ついに新政府軍《しんせいふぐん》が総攻撃《そうこうげき》をかけてきた。

その直前《ちょくぜん》、歳三《としぞう》は、わずか16歳《さい》の隊士《たいし》、市村鉄之助《いちむらてつのすけ》に、自分《じぶん》の写真《しゃしん》と毛髪《もうはつ》、絶筆《ぜっぴつ》の和歌《わか》などの遺品《いひん》をあずけ、こう言《い》った。

「日野《ひの》の佐藤彦五郎《さとうひこごろう》をたずねて、これらをわたしてくれ。そして箱館《はこだて》での、おれのようすをつたえてやっちゃくれねえか。」

歳三《としぞう》に遺品《いひん》をたくされて落《お》ちのびた鉄之助《てつのすけ》は、船《ふね》で横浜《よこはま》に上陸《じょうりく》。変装《へんそう》しながら日野《ひの》にたどりついたという。

総攻撃《そうこうげき》が始《はじ》まった。

歳三《としぞう》は、新選組《しんせんぐみ》をいちばんの最前線《さいぜんせん》、海《うみ》にせりだした弁天台場《べんてんだいば》につめさせていた。五稜郭内《ごりょうかくない》はゆれにゆれていた。総裁《そうさい》の榎本武揚《えのもとたけあき》、陸軍奉行《りくぐんぶぎょう》の大鳥圭介《おおとりけいすけ》は、気持《きも》ちが降伏《こうふく》にかたむいていたのだ。

「榎本《えのもと》さん！　大鳥《おおとり》さん！　降伏《こうふく》など冗談《じょうだん》ではない！　なんのために、これまでたたかってきたのです！　だいいち、やつらは、薩長《さっちょう》は、幕府《ばくふ》をたおした逆賊《ぎゃくぞく》ですよ！　降伏《こうふく》する理由《りゆう》が思《おも》いつきません！　徹底抗戦《てっていこうせん》です！」

「しかし……。」

榎本《えのもと》が肩《かた》を落《お》とす。

「総攻撃《そうこうげき》を受《う》けたら……勝《か》つ見《み》こみが……。」

「総指揮官《そうしきかん》が、はじめから負《ま》けるつもりでいくさをしてどうするのです！　いまも、おれの部下《ぶか》が弁天台場《べんてんだいば》でたたかっているのです！」

歳三《としぞう》は少《すく》ない兵《へい》をひきい、弁天台場《べんてんだいば》に向《む》けて馬《うま》を走《はし》らせた。もし新政府軍《しんせいふぐん》が市街地《しがいち》にせめてきたら、弁天台場《べんてんだいば》にいる隊士《たいし》たちが孤立《こりつ》してしまう……。

途中《とちゅう》、一本木関門《いっぽんぎかんもん》あたりで、敗走《はいそう》してくる隊士《たいし》たちと出《で》くわした。
そのとき、海《うみ》のほうから轟音《ごうおん》が聞《き》こえてきた。
声《こえ》が聞《き》こえてくる。
——「わが軍《ぐん》の蟠竜丸《ばんりゅうまる》が、敵艦朝陽丸《てきかんちょうようまる》を撃沈《げきちん》!」
「この機《き》をのがすな! 反撃《はんげき》だ! 反撃《はんげき》だ!」
歳三《としぞう》は、檄《げき》をとばしながら、馬上《ばじょう》から敵兵《てきへい》をばっさばっさと斬《き》りたおしていた。
まるで武神《ぶしん》がかけぬけているようだった。
そのときだった。
ズキューン!
一発《いっぱつ》の銃声《じゅうせい》がとどろいた。
歳三《としぞう》には、時《とき》が一瞬《いっしゅん》、止《と》まったように思《おも》えた。
腹《はら》に熱《あつ》い痛《いた》みをおぼえた。
体《からだ》が大《おお》きくよろめき……そのまま馬《うま》から落《お》ちた。

土《つち》ぼこりが舞《ま》っている。

兵《へい》たちの足《あし》の動《うご》きが、直角《ちょっかく》にかたむいて見《み》える。

うすれゆく意識《いしき》のなかに、藤堂平助《とうどうへいすけ》、山南敬助《やまなみけいすけ》、井上源三郎《いのうえげんざぶろう》、沖田総司《おきたそうじ》ら、そして近藤勇《こんどういさみ》の顔《かお》がうかんだ。

勇《いさみ》は笑顔《えがお》だった。

（近藤《こんどう》さん、おれは、武士《ぶし》として最後《さいご》までたたかったぜ。おれたちは負《ま》けるためにたたかったんじゃねえ。ほろびたくてたたかったんじゃねえ。おのれを信《しん》じてたたかいぬいたんだ。なあ、近藤《こんどう》さん！　総司《そうじ》もそっちにいると思《おも》うが、いっしょにわらってむかえてくれるかい。）


（終《お》わり）

新選組《しんせんぐみ》の年表《ねんぴょう》

年代《ねんだい》	できごと	世《よ》の中《なか》の動《うご》き
1834（天保《てんぽう》5）	近藤勇《こんどういさみ》、武蔵《むさし》の国多摩郡上石原村《くにたまぐんかみいしはらむら》（東京都調布市《とうきょうとちょうふし》）の豪農《ごうのう》の家《いえ》に生《う》まれる。	
1835（天保《てんぽう》6）	土方歳三《ひじかたとしぞう》、武蔵《むさし》の国多摩郡石田村《くにたまぐんいしだむら》（東京都日野市《とうきょうとひのし》）の薬屋《くすりや》もいとなむ豪農《ごうのう》の家《いえ》に生《う》まれる。	
1842（天保《てんぽう》13）	沖田総司《おきたそうじ》、江戸麻布《えどあざぶ》にある白河藩《しらかわはん》（福島県白河市《ふくしまけんしらかわし》）の屋敷《やしき》に生《う》まれる（1844年《ねん》生《う》まれの説《せつ》もある）。	
1848（嘉永《かえい》1）	勇《いさみ》、江戸《えど》にある近藤周助《こんどうしゅうすけ》の天然理心流道場《てんねんりしんりゅうどうじょう》、試衛館《しえいかん》に入門《にゅうもん》する。（15歳《さい》）	
1849（嘉永《かえい》2）	勇《いさみ》、近藤周助《こんどうしゅうすけ》の養子《ようし》となる（16歳《さい》）。以降《いこう》、多摩地方《たまちほう》に出稽古《でげいこ》に行《い》くようになる。	
1850（嘉永《かえい》3）	総司《そうじ》、試衛館《しえいかん》に入門《にゅうもん》する。（10歳前後《さいぜんご》）	
1851（嘉永《かえい》4）	このころ、歳三《としぞう》が日野宿《ひのじゅく》にある佐藤彦五郎《さとうひこごろう》の天然理心《てんねんりしん》流道場《りゅうどうじょう》に通《かよ》うようになる（17歳《さい》ごろ）。	

1853（嘉永《かえい》6）		ペリー来航《らいこう》。
1858（安政《あんせい》5）		日米修好通商条約《にちべいしゅうこうつうしょうじょうやく》がむすばれる。安政《あんせい》の大獄《たいごく》で尊攘派《そんじょうは》が弾圧《だんあつ》される。
1861（文久《ぶんきゅう》1）	勇《いさみ》、天然理心流《てんねんりしんりゅう》4代目宗家《だいめそうけ》をつぐ。（28歳《さい》）	
1863（文久《ぶんきゅう》3）	2月《がつ》、勇《いさみ》、試衛館《しえいかん》の門弟《もんてい》たちと浪士隊《ろうしたい》に参加《さんか》し入京《にゅうきょう》。 3月《がつ》、浪士隊《ろうしたい》に江戸帰還命令《えどきかんめいれい》がくだる。試衛館《しえいかん》の者《もの》たちと芹沢鴨《せりざわかも》らは京都《きょうと》にのこり、会津藩《あいづはん》おあずかりとなる。 8月《がつ》、八月十八日《はちがつじゅうはちにち》の政変《せいへん》で御所《ごしょ》を警備《けいび》し、その功績《こうせき》によって正式隊名《せいしきたいめい》「新選組《しんせんぐみ》」をさずかる。 9月《がつ》、勇《いさみ》らが芹沢《せりざわ》一派《いっぱ》を処分《しょぶん》する。	薩摩藩《さつまはん》、イギリス艦隊《かんたい》と交戦《こうせん》（薩英戦争《さつえいせんそう》）。
1864（元治《げんじ》1）	6月《がつ》、池田屋《いけだや》に集結《しゅうけつ》した尊攘派《そんじょうは》を襲撃《しゅうげき》（池田屋事件《いけだやじけん》）。 7月《がつ》、禁門《きんもん》の変《へん》で天王山《てんのうざん》に出動《しゅつどう》する。 10月《がつ》、伊東甲子太郎《いとうかしたろう》らが正式《せいしき》にくわわる。	英《えい》、仏《ふつ》、米《べい》、蘭《らん》の連合艦隊《れんごうかんたい》、下関《しものせき》を砲撃《ほうげき》（四国艦隊下関砲撃事件《しこくかんたいしものせきほうげきじけん》）。
1865（元治《げんじ》2）（慶応《けいおう》1）	2月《がつ》、山南敬助《やまなみけいすけ》が脱走《だっそう》し切腹《せっぷく》させられる。 3月《がつ》、屯所《とんしょ》を壬生《みぶ》から西本願寺《にしほんがんじ》に移転《いてん》する。	
1866（慶応《けいおう》2）	1月《がつ》、京都《きょうと》で薩長同盟《さっちょうどうめい》がむすばれる。	徳川慶喜《とくがわよしのぶ》、将軍《しょうぐん》となる。

1867（慶応《けいおう》3）

3月《がつ》、甲子太郎《かしたろう》らが離隊《りたい》し、高台寺党《こうだいじとう》とよばれる。6月《がつ》、屯所《とんしょ》を西本願寺《にしほんがんじ》から不動堂村《ふどうどうむら》に移転《いてん》する。新選組《しんせんぐみ》が、幕府《ばくふ》に直接仕《ちょくせつつか》える直参《じきさん》となる。11月《がつ》、甲子太郎《かしたろう》と、藤堂平助《とうどうへいすけ》をふくむ高台寺党《こうだいじとう》の隊士《たいし》を暗殺《あんさつ》（油小路事件《あぶらのこうじじけん》）。12月《がつ》、勇《いさみ》が高台寺党《こうだいじとう》の残党《ざんとう》に撃《う》たれ、重傷《じゅうしょう》を負《お》う。


1月《がつ》、明治天皇即位《めいじてんのうそくい》。

10月《がつ》、大政奉還《たいせいほうかん》。

11月《がつ》、坂本龍馬暗殺《さかもとりょうまあんさつ》。

12月《がつ》、王政復古《おうせいふっこ》の大号令《だいごうれい》が出《で》て、江戸幕府《えどばくふ》が終《お》わる。

1868（慶応《けいおう》4）（明治《めいじ》1）

1月《がつ》、戊辰戦争《ぼしんせんそう》の発端《ほったん》となる鳥羽《とば》・伏見《ふしみ》の戦《たたか》いに参戦《さんせん》。旧幕府軍《きゅうばくふぐん》は薩長軍《さっちょうぐん》にやぶれ、井上源三郎《いのうえげんざぶろう》らが戦死《せんし》する。松平容保《まつだいらかたもり》が徳川慶喜《とくがわよしのぶ》に同行《どうこう》して江戸《えど》にもどる。新選組《しんせんぐみ》も再起《さいき》をかけて江戸《えど》にもどる。

2月《がつ》、新選組《しんせんぐみ》は「甲陽鎮撫隊《こうようちんぶたい》」と名乗《なの》り、新政府軍《しんせいふぐん》とたたかうため甲府《こうふ》に向《む》かう。

3月《がつ》、総司《そうじ》、療養《りょうよう》のため途中《とちゅう》の日野宿《ひのじゅく》にとどまる。甲陽鎮撫隊《こうようちんぶたい》、勝沼《かつぬま》で新政府軍《しんせいふぐん》とたたかい敗走《はいそう》する。江戸《えど》を出《で》て五兵衛新田《ごへえしんでん》に向《む》かう。

4月《がつ》はじめ、下総《しもうさ》（千葉県《ちばけん》）の流山《ながれやま》にうつる。3日《みっか》、勇《いさみ》が新政府軍《しんせいふぐん》にとらえられる。11日《にち》、歳三《としぞう》は鴻之台《こうのだい》（千葉県市川市国府台《ちばけんいちかわしこうのだい》）にいる旧幕府軍《きゅうばくふぐん》に合流《ごうりゅう》。先鋒軍《せんぽうぐん》の参謀《さんぼう》となり、宇都宮城《うつのみやじょう》で新政府軍《しんせいふぐん》とたたかい負傷《ふしょう》する。25日《にち》、勇《いさみ》が板橋《いたばし》で斬首《ざんしゅ》される。（35歳《さい》）

4月《がつ》、西郷隆盛《さいごうたかもり》と勝海舟《かつかいしゅう》の会談《かいだん》によって、戦争《せんそう》を行《おこな》わずに江戸城《えどじょう》が新政府軍《しんせいふぐん》に明《あ》けわたされる。

	5月《がつ》、江戸《えど》の千駄《せんだ》ヶ谷《がや》にうつって療養《りょうよう》していた総司《そうじ》が、肺《はい》の病気《びょうき》で死去《しきょ》。(27歳《さい》) 8月《がつ》、会津若松《あいづわかまつ》で再会《さいかい》した斎藤一《さいとうはじめ》らと、孤立《こりつ》した会津《あいづ》城《じょう》を死守《ししゅ》するため母成峠《ぼなりとうげ》に出動《しゅつどう》。敗走《はいそう》するなか、歳三《としぞう》は援軍要請《えんぐんようせい》のため庄内《しょうない》(山形県《やまがたけん》)へ向《む》かう。 9月《がつ》、激戦《げきせん》のすえ、会津藩降伏《あいづはんこうふく》。 10月《がつ》、歳三《としぞう》と榎本武揚《えのもとたけあき》ら、旧幕府軍《きゅうばくふぐん》とともに箱館《はこだて》の五稜郭《ごりょうかく》に入城《にゅうじょう》。 11月《がつ》、歳三《としぞう》、松前城《まつまえじょう》の攻撃《こうげき》に参戦《さんせん》。松前藩《まつまえはん》をやぶる。 12月《がつ》、旧幕府軍《きゅうばくふぐん》、蝦夷島政府《えぞとうせいふ》を樹立《じゅりつ》。歳三《としぞう》は陸軍奉公《りくぐんぶぎょう》並《なみ》、箱館市中取締裁判局頭取《はこだてしちゅうとりしまりさいばんきょくとうどり》にえらばれる。	5月《がつ》、江戸城開城《えどじょうかいじょう》に賛同《さんどう》しない旧幕府軍《きゅうばくふぐん》の者《もの》たちが、上野《うえの》で新政府軍《しんせいふぐん》とたたかいやぶれる。 7月《がつ》、江戸《えど》を東京《とうきょう》とあらためる。 9月《がつ》、明治《めいじ》と改元《かいげん》。
1869(明治《めいじ》2)	4月《がつ》、新政府軍《しんせいふぐん》が乙部《おとべ》に上陸《じょうりく》。13日《にち》、歳三《としぞう》は二股口《ふたまたぐち》でたたかい、新政府軍《しんせいふぐん》をしりぞける。 5月《がつ》11日《にち》、新政府軍《しんせいふぐん》、総攻撃開始《そうこうげきかいし》。歳三《としぞう》、弁天台場《べんてんだいば》に向《む》かい、一本木関門《いっぽんぎかんもん》あたりで撃《う》たれて戦死《せんし》。(35歳《さい》)	
1915(大正《たいしょう》4)	新暦《しんれき》1月《がつ》、永倉新八《ながくらしんぱち》死去《しきょ》。新暦《しんれき》9月《がつ》、斎藤一《さいとうはじめ》死去《しきょ》。	

年齢《ねんれい》は数《かぞ》え年《どし》

あとがき

信《しん》じる道《みち》をつらぬく男《おとこ》たち

楠木《くすのき》誠一郎《せいいちろう》

「新選組《しんせんぐみ》」とは、なんだったのでしょうか。

「武士《ぶし》になりたい！」――その一心《いっしん》で「浪士組《ろうしぐみ》」に応募《おうぼ》。仲間割《なかまわ》れなどをのりこえたすえ、後世《こうせい》に知《し》られる「新選組《しんせんぐみ》」が誕生《たんじょう》しました。

身分《みぶん》はばらばらでしたが「剣《けん》」でつながった新選組《しんせんぐみ》の隊士《たいし》たちは、ずっといくさのなかった江戸時代《えどじだい》の末期《まっき》にとつじょあらわれ、疾風《はやて》のようにかけぬけていきました。

本文《ほんもん》のなかで京都《きょうと》の人《ひと》たちに言《い》わせたように、かれらは「人斬《ひとき》り集団《しゅうだん》」に見《み》えていたかもしれません。

でも新選組《しんせんぐみ》には「京都守護職《きょうとしゅごしょく》、会津藩主松平容保《あいづはんしゅまつだいらかたもり》の配下《はいか》」というほこりがありました。

池田屋事件《いけだやじけん》、禁門《きんもん》の変《へん》を経《へ》て、ついに近藤勇《こんどういさみ》は旗本《はたもと》、土方歳三《ひじかたとしぞう》以下《いか》は御家人《ごけにん》、幕臣《ばくしん》（徳川将軍家《とくがわしょうぐんけ》の家臣《かしん》）になることができたのです。

晴《は》れて、堂々《どうどう》と「武士《ぶし》になれた！」のです。

でも時《とき》の流《なが》れはあまりに残酷《ざんこく》でした。

かれらが仕《つか》える徳川将軍家《とくがわしょうぐんけ》は大政奉還《たいせいほうかん》してしまい、新政府軍《しんせいふぐん》とたたかいはじめるや、トップの徳川慶喜《とくがわよしのぶ》に見《み》すてられてしまいます。

それでも新選組《しんせんぐみ》は、江戸《えど》にもどったあとも徳川将軍家《とくがわしょうぐんけ》のために各地《かくち》でたたかいつづけました。

信《しん》じる道《みち》をつらぬく男《おとこ》たちだったのです。

参考文献《さんこうぶんけん》

『新選組日誌《しんせんぐみにっし》　上《じょう》』菊地《きくち》 明《あきら》・伊東成郎《いとうせいろう》・山村竜也《やまむらたつや》 編《へん》（新人物文庫《しんじんぶつぶんこ》／KADOKAWA《カドカワ》）
『新選組日誌《しんせんぐみにっし》　下《げ》』菊地《きくち》 明《あきら》・伊東成郎《いとうせいろう》・山村竜也《やまむらたつや》 編《へん》（新人物文庫《しんじんぶつぶんこ》／KADOKAWA《カドカワ》）
『新選組大人名事典《しんせんぐみだいじんめいじてん》　上《じょう》』新人物往来社《しんじんぶつおうらいしゃ》 編《へん》（新人物往来社《しんじんぶつおうらいしゃ》）
『新選組大人名事典《しんせんぐみだいじんめいじてん》　下《げ》』新人物往来社《しんじんぶつおうらいしゃ》 編《へん》（新人物往来社《しんじんぶつおうらいしゃ》）
『京都守護職日誌《きょうとしゅごしょくにっし》』全《ぜん》5巻《かん》　菊地《きくち》 明《あきら》 編《へん》（新人物往来社《しんじんぶつおうらいしゃ》）
『新選組日記《しんせんぐみにっき》』木村幸比古《きむらさちひこ》 著《ちょ》（PHP《ピーエイチピー》研究所《けんきゅうじょ》）
『新選組決定録《しんせんぐみけっていろく》』伊東成郎《いとうせいろう》 著《ちょ》（河出書房新社《かわでしょぼうしんしゃ》）
『歴史《れきし》のなかの新選組《しんせんぐみ》』宮地正人《みやちまさと》 著《ちょ》（岩波書店《いわなみしょてん》）
『「新撰組《しんせんぐみ》」全隊士録《ぜんたいしろく》』古賀茂作《こがもさく》・鈴木亨《すずきとおる》 編著《へんちょ》（講談社《こうだんしゃ》）
『子母澤寛全集《しもざわかんぜんしゅう》1　新選組始末記《しんせんぐみしまつき》』子母澤寛《しもざわかん》 著《ちょ》（講談社《こうだんしゃ》）

本文《ほんもん》に出《で》てくる日付《ひづけ》は旧暦《きゅうれき》です。また、隊名《たいめい》の表記《ひょうき》は、「新選組《しんせんぐみ》」「新撰組《しんせんぐみ》」のふたつがあり、新選組隊士《しんせんぐみたいし》たちはどちらも使《つか》っていますが、「新選組《しんせんぐみ》」を使《つか》う場合《ばあい》が多《おお》かったことから、この表記《ひょうき》を採用《さいよう》しています。

新選組《しんせんぐみ》をめぐる歴史人物伝《れきしじんぶつでん》

士道《しどう》をつらぬいた
新選組局長《しんせんぐみきょくちょう》

近藤《こんどう》 勇《いさみ》

1834-1868年《ねん》

武蔵《むさし》の国多摩郡上石原村《くにたまぐんかみいしはらむら》（東京都調布市《とうきょうとちょうふし》）の豪農《ごうのう》に生《う》まれる。村《むら》でいちばんけんかが強《つよ》く、『三国志《さんごくし》』を愛読《あいどく》する子《こ》どもだった。試衛館《しえいかん》では自分《じぶん》よりすぐれた他流《たりゅう》の剣客《けんかく》でもいやがらずもてなし、剣術《けんじゅつ》を学《まな》びあった。試衛館《しえいかん》の門弟《もんてい》たちと上洛《じょうらく》し、幕府《ばくふ》のためにつくすが、逆賊《ぎゃくぞく》とされ、35歳《さい》で処刑《しょけい》。

鬼《おに》の副長《ふくちょう》とよばれた
新選組《しんせんぐみ》ナンバー2《ツー》

土方歳三《ひじかたとしぞう》

1835-1869年《ねん》

武蔵《むさし》の国多摩郡石田村《くにたまぐんいしだむら》（東京都日野市《とうきょうとひのし》）の豪農《ごうのう》に生《う》まれる。「バラガキ」とよばれる悪童《あくどう》だった。俳句《はいく》の趣味《しゅみ》をもつ。

上洛後《じょうらくご》、近藤《こんどう》を立《た》てて最強《さいきょう》の武士団《ぶしだん》をつくるため、隊士《たいし》たちを冷徹《れいてつ》にとりしまった。しかし、年齢《ねんれい》を重《かさ》ねて温和《おんわ》になったという。戊辰戦争《ぼしんせんそう》をたたかいぬき、35歳《さい》で戦死《せんし》。

天才剣士《てんさいけんし》、
新選組《しんせんぐみ》一番隊組長《ばんたいくみちょう》

沖田総司《おきたそうじ》

1842?–1868年《ねん》

江戸麻布《えどあざぶ》（東京都港区《とうきょうとみなとく》）に生《う》まれる。白河《しらかわ》藩《はん》（福島県白河市《ふくしまけんしらかわし》）浪士《ろうし》。おさないころに父《ちち》を亡《な》くす。10歳前後《さいぜんご》から近藤《こんどう》らと稽古《けいこ》にはげみ、20歳《はたち》には塾頭《じゅくとう》をつとめていた。

剣豪《けんごう》が集《あつ》まる新選組《しんせんぐみ》のなかでも、永倉《ながくら》、斎藤《さいとう》とともに、剣《けん》の名手《めいしゅ》としてその名《な》を知《し》られた。非番《ひばん》の日《ひ》は子《こ》どもと遊《あそ》び、よくわらう明《あか》るい性格《せいかく》だったという。近藤《こんどう》の死《し》を知《し》らないまま、その2か月後《げつご》に病死《びょうし》した。

わが道《みち》をゆく、
新選組《しんせんぐみ》二番隊組長《ばんたいくみちょう》

永倉新八《ながくらしんぱち》

1839–1915年《ねん》

江戸下谷《えどしたや》（東京都台東区《とうきょうとたいとうく》）に生《う》まれる。松前藩《まつまえはん》（北海道松前郡松前町《ほっかいどうまつまえぐんまつまえちょう》）浪士《ろうし》。神道無念流《しんとうむねんりゅう》。25歳《さい》のときに、腕《うで》だめしの武者修行《むしゃしゅぎょう》の旅《たび》に出《で》たのち、試衛館《しえいかん》で近藤《こんどう》と出会《であ》った。

池田屋事件《いけだやじけん》など、新選組《しんせんぐみ》のほとんどの戦闘《せんとう》に参加《さんか》して活躍《かつやく》した。甲府行《こうふい》きのあと近藤《こんどう》と決別《けつべつ》し、別隊《べったい》で会津《あいづ》まで転戦《てんせん》する。明治維新後《めいじいしんご》も生《い》きのびた永倉《ながくら》は、新選組《しんせんぐみ》を後世《こうせい》につたえようと貴重《きちょう》な語《かた》り部《べ》となった。

山南敬助《やまなみけいすけ》

1833-1865年《ねん》

新選組《しんせんぐみ》総長《そうちょう》。仙台藩《せんだいはん》（宮城県仙台市《みやぎけんせんだいし》）浪士《ろうし》。剣術《けんじゅつ》と柔術《じゅうじゅつ》の達人《たつじん》で、学問《がくもん》も習得《しゅうとく》。近藤《こんどう》と対戦《たいせん》して敗《やぶ》れたのが縁《えん》で試衛館《しえいかん》の食客《しょっかく》となる。沖田《おきた》と多摩《たま》地方《ちほう》に出稽古《でげいこ》に行《い》くこともあった。新選組《しんせんぐみ》を脱走《だっそう》し、切腹《せっぷく》した。

斎藤《さいとう》 一《はじめ》

1844-1915年《ねん》

新選組《しんせんぐみ》三番隊組長《ばんたいくみちょう》。明石藩《あかしはん》（兵庫県明石市《ひょうごけんあかしし》）浪士《ろうし》。隊内《たいない》で剣術師範《けんじゅつしはん》をつとめ、密偵《みってい》としても活躍《かつやく》。松平容保《まつだいらかたもり》への義《ぎ》をつらぬき会津《あいづ》にとどまった。明治維新後《めいじいしんご》も生《い》きのびたが、新選組《しんせんぐみ》については口《くち》を閉《と》ざした。

井上源三郎《いのうえげんざぶろう》

1829-1868年《ねん》

新選組《しんせんぐみ》六番隊組長《ばんたいくみちょう》。八王子千人同心《はちおうじせんにんどうしん》の家《いえ》に生《う》まれる。日野宿《ひのじゅく》の佐藤彦五郎道場《さとうひこごろうどうじょう》に通《かよ》い、天然理心流《てんねんりしんりゅう》に入門《にゅうもん》。近藤《こんどう》の兄弟子《あにでし》にあたる。隊士《たいし》たちから「源《げん》さん」とよばれて親《した》しまれた。鳥羽《とば》・伏見《ふしみ》の戦《たたか》いで戦死《せんし》。

藤堂平助《とうどうへいすけ》

1844-1867年《ねん》

新選組《しんせんぐみ》八番隊組長《ばんたいくみちょう》。江戸浪士《えどろうし》。北辰一刀流《ほくしんいっとうりゅう》。尊敬《そんけい》する山南《やまなみ》について浪士組《ろうしぐみ》に参加《さんか》したといわれる。まっ先《さき》に斬《き》りこむ姿《すがた》から、「魁先生《さきがけせんせい》」とよばれた。仲間割《なかまわ》れによって元同志《もとどうし》の新選組《しんせんぐみ》に討《う》たれ、24歳《さい》で死去《しきょ》。

原田左之助《はらださのすけ》

1840-1868年《ねん》

新選組《しんせんぐみ》十番隊組長《ばんたいくみちょう》。松山藩《まつやまはん》（愛媛県松山市《えひめけんまつやまし》）浪士《ろうし》。上司《じょうし》とけんかして脱藩《だっぱん》し、修行《しゅぎょう》して槍《やり》の名手《めいしゅ》になる。勢《いきお》いで切腹《せっぷく》して止《と》められたときの、腹《はら》の傷《きず》を自慢《じまん》にしていた。甲府《こうふ》行《い》きのあと近藤《こんどう》と決別《けつべつ》。上野戦争《うえのせんそう》で戦死《せんし》。

芹沢《せりざわ》 鴨《かも》

?-1863年《ねん》

新選組筆頭局長《しんせんぐみひっとうきょくちょう》。水戸藩《みとはん》（茨城県水戸市《いばらきけんみとし》）浪士《ろうし》。過激尊攘派《かげきそんじょうは》である天狗党《てんぐとう》の幹部《かんぶ》だったが、部下《ぶか》を斬《き》って死罪《しざい》になる。恩赦《おんしゃ》とひきかえに浪士組《ろうしぐみ》に参加《さんか》した。粗暴《そぼう》なふるまいをくりかえし、近藤一派《こんどういっぱ》に暗殺《あんさつ》される。

伊東甲子太郎《いとうかしたろう》

1835-1867年《ねん》

新選組参謀《しんせんぐみさんぼう》。志筑藩《しづくはん》（茨城県《いばらきけん》かすみがうら市《し》）の武家《ぶけ》に生《う》まれ、江戸《えど》で道場主《どうじょうぬし》のむこ養子《ようし》となって跡《あと》をつぐ。水戸藩《みとはん》で学《まな》び、教養《きょうよう》も豊《ゆた》かだった。近藤《こんどう》と意見《いけん》が対立《たいりつ》して御陵衛士《ごりょうえじ》となり、新選組《しんせんぐみ》に暗殺《あんさつ》された。

佐藤彦五郎《さとうひこごろう》

1827-1902年《ねん》

土方《ひじかた》の姉《あね》の夫《おっと》で、日野宿《ひののじゅく》の名主《なぬし》。自宅《じたく》に開《ひら》いた天然理心流道場《てんねんりしんりゅうどうじょう》では土方《ひじかた》や井上《いのうえ》らが剣《けん》の腕《うで》をみがき、そこに近藤《こんどう》や沖田《おきた》、山南《やまなみ》らが出稽古《でげいこ》に来《き》ていた。新選組《しんせんぐみ》を資金面《しきんめん》と精神面《せいしんめん》でささえつづけた、心強《こころづよ》い支援者《しえんしゃ》。

新選組《しんせんぐみ》を召《め》しあげた
実直《じっちょく》な大名《だいみょう》

松平容保《まつだいらかたもり》

1835-1893年《ねん》

会津藩《あいづはん》（福島県西部《ふくしまけんせいぶ》）最後《さいご》の藩主《はんしゅ》。28歳《さい》のとき、治安《ちあん》のみだれた京都《きょうと》を警備《けいび》する京都《きょうと》守護職《しゅごしょく》につき、孝明天皇《こうめいてんのう》からあつく信頼《しんらい》される。朝廷《ちょうてい》と幕府《ばくふ》が一致《いっち》して国難《こくなん》に立《た》ちむかう公武合体《こうぶがったい》もすすめた。しかし、孝明天《こうめいてん》皇《のう》が突然病死《とつぜんびょうし》。朝廷《ちょうてい》の倒幕派《とうばくは》と手《て》を組《く》む薩《さっ》長《ちょう》が勢《いきお》いをまして、鳥羽《とば》・伏見《ふしみ》の戦《たたか》いで逆《ぎゃく》賊《ぞく》とされてしまう。会津戦争《あいづせんそう》で新政府軍《しんせいふぐん》に降伏《こうふく》。のちに日光東照宮《にっこうとうしょうぐう》の宮司《ぐうじ》となった。

土方《ひじかた》と箱館《はこだて》で共闘《きょうとう》、
独立国家《どくりつこっか》をつくる

榎本武揚《えのもとたけあき》

1836-1908年《ねん》

江戸《えど》生《う》まれの幕臣《ばくしん》。長崎《ながさき》の海軍伝習所《かいぐんでんしゅうじょ》で学《まな》んだのち、オランダに留学《りゅうがく》。航海学《こうかいがく》、蘭《らん》仏英独露《ふつえいどくろ》の5か国語《こくご》、国際法《こくさいほう》を修得《しゅうとく》し、幕《ばく》府《ふ》の海軍副総裁《かいぐんふくそうさい》となる。江戸開城後《えどかいじょうご》、軍艦《ぐんかん》をひきいて脱走《だっそう》し、独立国家《どくりつこっか》をつくろうと箱館《はこだて》に向《む》かった。その途中《とちゅう》で、土方《ひじかた》ら旧幕《きゅうばく》府軍《ふぐん》と合流《ごうりゅう》する。蝦夷島政府《えぞとうせいふ》は5か月《げつ》で終《お》わった。投獄《とうごく》されるが助命《じょめい》され、明治政府《めいじせいふ》に入閣《にゅうかく》。文部大臣《もんぶだいじん》や外務大臣《がいむだいじん》をつとめた。

坂本龍馬《さかもとりょうま》　1835-1867年《ねん》

土佐藩《とさはん》（高知県《こうちけん》）の下級武士《かきゅうぶし》の家《いえ》に生《う》まれる。江戸《えど》に出《で》て勝海舟《かつかいしゅう》の門下《もんか》に入《はい》り、海軍創設《かいぐんそうせつ》などを助《たす》ける。商社《しょうしゃ》をつくり、薩長《さっちょう》両藩《りょうはん》に武器《ぶき》を調達《ちょうたつ》した。敵対《てきたい》する薩長《さっちょう》の同盟《どうめい》を実現《じつげん》させるが、その翌年《よくねん》、暗殺《あんさつ》された。

西郷隆盛《さいごうたかもり》　1827-1877年《ねん》

薩摩藩《さつまはん》（鹿児島県《かごしまけん》）の下級武士《かきゅうぶし》の家《いえ》に生《う》まれる。藩主島津斉彬《はんしゅしまづなりあきら》の側近《そっきん》となり、斉彬《なりあきら》の死後《しご》も藩《はん》の中心人物《ちゅうしんじんぶつ》として長州《ちょうしゅう》と手《て》をむすび、幕府《ばくふ》をたおした。明治新政府《めいじしんせいふ》と次第《しだい》に対立《たいりつ》し、西南戦争《せいなんせんそう》で敗北《はいぼく》。自害《じがい》した。

桂小五郎《かつらこごろう》　1833-1877年《ねん》

長州藩《ちょうしゅうはん》（山口県《やまぐちけん》）の医師《いし》の家《いえ》に生《う》まれ、武家《ぶけ》に養子《ようし》入りする。のちに木戸孝允《きどたかよし》と改名《かいめい》。藩《はん》をまとめて倒幕《とうばく》を主導《しゅどう》し、薩長同盟《さっちょうどうめい》をむすぶ。池田屋事件《いけだやじけん》のほか何度《なんど》も危機《きき》を乗《の》りこえ、「逃《に》げの小五郎《こごろう》」とよばれた。

勝《かつ》　海舟《かいしゅう》　1823-1899年《ねん》

江戸《えど》生《う》まれの幕臣《ばくしん》。新政府《しんせいふ》への恭順《きょうじゅん》を主導《しゅどう》した。江戸《えど》の町《まち》を戦場《せんじょう》にさせないため、薩長《さっちょう》にうらまれている松平容保《まつだいらかたもり》を登城《とじょう》させず、主戦派《しゅせんは》の新選組《しんせんぐみ》を江戸《えど》からはなれた甲府《こうふ》に向《む》かわせた。江戸無血開城《えどむけつかいじょう》を実現《じつげん》。

著者紹介

楠木誠一郎　くすのき せいいちろう

1960年、福岡県生まれ。高校生のとき邪馬台国ブームがおこり古代史好きになる。大学卒業後に歴史雑誌の編集者となり、広い範囲の歴史をカバーするようになった。『名探偵夏目漱石の事件簿』で第8回日本文芸家クラブ大賞受賞。講談社青い鳥文庫の「タイムスリップ探偵団」シリーズのほか、火の鳥伝記文庫『織田信長』、『日能研クエスト　歴史人物伝　西郷隆盛』など、多くの著書がある。

画家紹介

山田章博　やまだ あきひろ

漫画家、イラストレーター。1957年、高知県生まれ、京都府在住。美しく繊細な描写で物語の世界観を生みだし、海外にも多くのファンをもつ。おもな漫画作品に『BEAST of EAST 東方眩暈録』、『ロードス島戦記 ファリスの聖女』（原作・水野良）など、装画や挿絵に「十二国記」シリーズ（小野不由美）、「アルスラーン戦記（文庫版）」シリーズ（田中芳樹）など多数。そのほか、ゲームやアニメのキャラクター原案を手がけるなど幅広く活躍。2018年現在、京都精華大学マンガ学部客員教員。

＊この作品は書き下ろしです。

人物伝執筆――――八重野充弘《やえのみつひろ》
人物伝イラスト――――黒須高嶺《くろすたかね》
口絵写真（肖像）――国立国会図書館デジタルコレクション
（サイン）――小島資料館蔵
天然理心流門人の小島鹿之助に宛てた書簡より。近藤勇：元治1（1864）年。土方歳三：文久3（1863）年。
編集協力――――オフィス303

講談社 火の鳥伝記文庫　17

新選組《しんせんぐみ》

楠木《くすのき》誠一郎《せいいちろう》 文

2018年11月28日　第1刷発行

発行者――――――渡瀬昌彦
発行所――――――株式会社 講談社
東京都文京区音羽2-12-21　郵便番号112-8001
電話　編集（03）5395-3536
販売（03）5395-3625
業務（03）5395-3615

ブックデザイン―――祖父江 慎＋福島よし恵（コズフィッシュ）
印刷・製本―――――図書印刷株式会社
本文データ制作―――講談社デジタル製作

N.D.C. 289　218p　18cm
Printed in Japan
ISBN978-4-06-513725-3

講談社《こうだんしゃ》 火《ひ》の鳥《とり》伝記《でんき》文庫《ぶんこ》 新装版《しんそうばん》によせて

火《ひ》の鳥《とり》は、世界中《せかいじゅう》の神話《しんわ》や伝説《でんせつ》に登場《とうじょう》する光《ひかり》の鳥《とり》です。灰《はい》のなかから何度《なんど》でもよみがえり、永遠《えいえん》の命《いのち》をもつといわれています。

伝記《でんき》に描《えが》かれている人々《ひとびと》は、人類《じんるい》や社会《しゃかい》の発展《はってん》に役立《やくだ》つすばらしい成果《せいか》を後世《こうせい》に残《のこ》した人々《ひとびと》です。みなさんにとっては、遠《とお》くまぶしい存在《そんざい》かもしれません。

しかし、かれらがかんたんに成功《せいこう》したのではないことは、この本《ほん》を読《よ》むとよくわかります。

一生懸命《いっしょうけんめい》取《と》り組《く》んでもうまくいかないとき、自分《じぶん》のしたいことがわからないとき、そして将来《しょうらい》のことを考《かんが》えるとき、みなさんを励《はげ》ましてくれるのは、先《さき》を歩《ある》いていった先輩《せんぱい》たちの努力《どりょく》するすがたや、失敗《しっぱい》の数々《かずかず》です。火《ひ》の鳥《とり》はかれらのなかにいて、くじけずチャレンジする力《ちから》となったのです。

伝記《でんき》のなかに生《い》きる人々《ひとびと》を親《した》しく感《かん》じるとき、みなさんの心《こころ》のなかに火《ひ》の鳥《とり》が羽《は》ばたいて将来《しょうらい》への希望《きぼう》を感《かん》じられることを願《ねが》い、この本《ほん》を贈《おく》ります。

2017年《ねん》10月《がつ》

講談社《こうだんしゃ》

近藤 勇

土方歳三